Emma Biggs/Tessa Hunkin

MOSAIK

Callwey

Emma Biggs/Tessa Hunkin

MOSAIK

Ideen und Anleitungen
für kleine und große Objekte
für Haus und Garten

CALLWEY

Dank
Wir danken allen unseren Mitarbeitern vom »Mosaic Workshop«, Shona Wood, Clare Richarson und Walter Bernardin. Tausend Dank auch an Matt und Adam.

Die Originalausgabe erschien unter dem Titel »Mosaic Workshop« 1999 im Verlag David & Charles, Brunel House, Newton Abbot, Devon.

Übersetzung aus dem Englischen von Frank-Michael Kiesgen, München

Alle Anleitungen wurden sorgfältig überprüft – eine Haftung kann dennoch nicht übernommen werden.
Fotografien von Shona Wood, London
Bildnachweis für zusätzliche Aufnahmen:
Seite 6, oben: Fitzwilliam Museum, University of Cambridge, UK/Bridgeman Art Library, London/New York
Seite 6, unten: Villa Romana del Casale, Piazza Armerina, Sizilien/Bridgeman Art Library, London/New York
Seite 7: Leeds Museums and Galleries (City Art Gallery), Leeds, UK/Bridgeman Art Library, London/New York
Seite 8: San Marco, Venedig/Francesco Turio Bohm/Bridgeman Art Library, London/New York
Seite 9: The National Gallery, London
Seite 98: San Vitale, Ravenna/ Bridgeman Art Library, London/New York

Streitfeldstraße 35, 81673 München
http://www.callwey.de
E-mail: buch@callwey.de

Die Deutsche Bibliothek – CIP-Einheitsaufnahme
Ein Titeldatensatz für diese Publikation ist bei der Deutschen Bibliothek erhältlich.

Einbandgestaltung, unter Verwendung des Motivs von Seite 60: Monika Pitterle, München

Satz der deutschen Ausgabe: Edith Mocker
Druck und Bindung: Garzanti Verga, Cernusco sul Naviglio/Italien
Printed in Italy, 2000
ISBN 3-7667-1413-9

INHALT

EINLEITUNG

Mosaik ist eine alte Kunst, wie man an den vielen schönen Beispielen sehen kann, die aus ferner Vergangenheit auf uns gekommen sind. Über die Faszination hinaus, die von der Vielfalt von Bildern und Mustern aus tausenden winziger Steine ausgeht, künden sie vom Geist der klassischen und christlichen Welt und deren Alltag. Gegenwärtig ist ein Wiederaufleben des Interesses am Mosaik als einem Medium festzustellen, mit dessen Hilfe sich nicht nur einzigartige und originelle dekorative Effekte, sondern zugleich praktische und strapazierfähige Oberflächen schaffen lassen.

1

Klassisches Mosaik

Die frühesten bekannten Mosaiken wurden von den Griechen im 3. Jahrhundert v. Chr. aus Kieselsteinen gelegt. In der gesamten hellenistischen Welt wurden die Techniken verfeinert; raffinierte und realistische Mosaiken entstanden, zumal in der Stadt Alexandria. Die Idee der Verwendung von Mosaik als häuslicher Zierrat griff nach Italien über und verbreitete sich im gesamten Römischen Reich. Da die Handwerker herumzogen und dort arbeiteten, wo eine reiche Kundschaft sich sicher genug fühlte, um in häusliche Behaglichkeit zu investieren, bezeugen Mosaiküberreste eine Periode des Friedens und Wohlstands in diesem besonderen Reichsteil. Beispiele aus dem 1. Jahrhundert v. Chr. finden sich in Pompeji und aus dem 3. sowie 4. Jahrhundert n. Chr. in Nordafrika.

Die Römer gebrauchten als Erste Mosaik an Wänden und Gewölben (s. Abb. 1), von denen aber nur wenige überdauert haben. Die große Mehrzahl der römischen Mosaiken entstand in Form von Straßenpflaster aus Marmor und anderen natürlichen Steinen; zuweilen enthielten sie Glas, das leuchtende Farbakzente einbrachte. Moden wechselten je nach Zeit und Ort. So waren in Italien geometrische Muster beliebt, die dann im 1. und 2. Jahrhundert n. Chr. von bildlichen Darstellungen in Schwarzweiß abgelöst wurden. In Nordafrika und seit dem 4. Jahrhundert n. Chr. auch in Sizilien (s. Abb. 2) wurden figürliche Darstellungen gerne in Farbe vor einem einheitlichen weißen oder cremefarbenen Hintergrund ausgeführt. Da das Reisen an den Grenzen des Reiches für die Handwerker beschwerlicher war, überwogen hier die leichter auszuführenden geo-

2

metrischen Muster. Gleichwohl gibt es Beispiele, die zeigen, dass auch ortsansässige Handwerker durchaus anspruchsvolle Mosaiken schaffen konnten, häufig mit bezaubernden Ergebnissen (s. Abb. 3).

Christliche Mosaiken

In der frühchristlichen Ära wurden Kirchenwände und -gewölbe mit Mosaiken verziert, von denen sich viele bis in unsere Tage unversehrt erhalten haben, da religiöse Gebäude ständig gepflegt und in Stand gehalten wurden. Sehr frühe Beispiele wie die Mosaiken in Santa Costanza aus dem 4. Jahrhundert in Rom stehen in enger Beziehung zu säkularen römischen Darstellungen; rasch aber kommt ein die didaktischen Intentionen einer wachsenden christlichen Kirche zum Ausdruck bringender charakteristischer Stil auf, beispielhaft in den großen Mosaiken in Ravenna aus dem 6. Jahrhundert (s. Seite 98). Kraft ihrer stilisierten und verdichteten Gestaltung sollten diese Arbeiten dem des Lesens und Schreibens unkundigen Volk die Bedeutung des neuen Glaubens vermitteln; ganz und gar beabsichtigt ist die in ihnen zum Ausdruck kommende Zurückweisung des klassischen Realismus.

Im Mittelalter diente dieser Stil, welcher die naturalistische Beobachtung mit der ver-

1 Römische Mosaik-Brunnen-Nische (1. Jahrhundert v. Chr.)
2 »Wasser transportierende Ochsen«, Piazza Armerina, Sizilien (frühes 4. Jahrhundert n. Chr.)
3 Wolfmosaik, römische Siedlung, Aldbrough, Yorkshire (300 v. Chr.)

3

einfachenden Darstellung verband, der Veranschaulichung biblischer Berichte (s. Abb. 4, unten). Die Renaissance brachte wiederum neue Techniken des Malens ein – *al fresco* und in Öl –, die an die Stelle des teuren und schwierigen Mediums Mosaik traten.

Moderne Mosaiken

Der große Wohlstand, den der Handel Europa im späten 19. Jahrhundert bescherte, ließ das Interesse am Mosaik als einer dekorativen Kunst wieder aufleben, die dazu dienen sollte, die neuen Theater- und Kaufhaustempel auszuschmücken. Künstler und Architekten kehrten zu diesem Medium zurück, um seine Möglichkeiten in der modernen Welt zu erkunden. Antonio Gaudí in Spanien sowie die Futuristen in Italien, ganz besonders Gino Severini, liefern Beispiele für moderne Mosaiken. Die modernistische Philosophie der Materialtreue machte es möglich, auf neue und freiere Weise dekorative Kombinationen von Glas, Stein und Keramik in Angriff zu nehmen. Mit seinem aus traditionellen Marmorquadern (*tesserae*) entstandenen Zyklus von Bodenmosaiken in der National Gallery in London lieferte der russische Emigrant Boris Anrep eine figürliche, jedoch erstaunlich freie Interpretation von Szenen aus dem modernen Leben (s. Abb. 5, rechts).

Über dieses Buch

Die Geschichte der Mosaikkunst belegt die Vielseitigkeit dieses Mediums, doch hat es wie alle Disziplinen seine Stärken und Schwächen. Dieses Buch will zeigen, wie Mosaik am vorteilhaftesten anzuwenden ist.

4

Nahezu alles Bildhafte lässt sich in Mosaik umsetzen; über den Erfolg einer solchen Umsetzung aber entscheidet, inwieweit man dieses Medium zu handhaben und unter Kontrolle zu halten versteht. Das Buch hat zwei Teile: zum einen die Grundlagen von Darstellung und Techniken und dann die Werkzeuge und Materialien.

Grundlagen

Der erste Teil des Buches ist in Kapitel aufgeteilt, die sich mit den verschiedenen Aspekten der Darstellung befassen: Stilisierung, Farbe, Kontrast, Verlegen, Oberfläche, Muster, Form und Gestalt. Indem wir diese Disziplinen trennen, können wir ermessen, welch unterschiedliche Qualitäten eine jede zur Motivgestaltung beiträgt. Mit diesem Verständnis gewinnen wir ein Vokabular, das uns in die Lage versetzt, wirkungsvolle Mosaiken zu gestalten.

Illustriert werden all diese Aspekte durch eine Reihe einzigartiger Beispiele. Begleitende Ratschläge sollen Sie befähigen, diese in Projekte umzusetzen. Ein weiteres Kapitel befasst sich damit, wie man erfolgreich nach historischen Mosaiken arbeitet; es werden drei in modernen Mosaikmaterialien interpretierte Beispiele gegeben.

Techniken, Werkzeuge & Materialien

Der zweite Teil des Buches liefert umfangreiche technische Hinweise. Klare Fotos und ausführliche, in einzelnen Arbeitsschritten vorgehende Anleitungen erklären die wesentlichen Mosaikmethoden. Es werden Werkzeuge, Kleber, Untergründe und die Mosaikmaterialien beschrieben. Außerdem finden Sie Hinweise zur Verwendung an unterschiedlichen Standorten. Auch werden Sie in die Lage versetzt, für Ihre eigenen Entwürfe die geeigneten Techniken und Materialien anzuwenden.

5

Im Anhang finden Sie eine Liste von Lieferanten für Mosaikmaterialien. Einige der im Buch enthaltenen Entwürfe gibt es in Form von Schablonen, die Sie kopieren und so als Vorlage benutzen können.

4 »Noah nimmt die Tiere in die Arche auf«, San Marco, Venedig (13. Jahrhundert)
5 »Exploring«, Boris Anrep, National Gallery, London (1928)

KELP

1 STILISIERUNG

Erfolgreiche Umsetzungen in Mosaik gelingen durch ein streng selektives Herangehen an den darzustellenden Gegenstand und dessen Behandlung. Damit ein überzeugendes Bild zu Stande kommt, müssen einige Elemente betont, einige vereinfacht und andere ganz weggelassen werden. In dem hier gezeigten Badezimmermosaik werden Qualle und Seetang allein durch ihre klar umrissene Gestalt definiert. Es fehlt zwar jeglicher Effekt von Dreidimensionalität wegen der einheitlichen Farbtöne der Hintergrundfarben, jedoch lassen raffinierte Farbwechsel Muster innerhalb der Objekte selbst entstehen. Dieses Kapitel nähert sich dem Thema der Stilisierung auf unterschiedliche Weise und zeigt, wie diese sich im Medium Mosaik für einfache wie komplexe Effekte am besten darstellen lässt.

ENTWÜRFE

Das Vokabular eines Entwurfs setzt sich aus vier Komponenten zusammen: Gestalt, Linie, Form und Farbe. Die Gestalt beschreibt den schlichten Umriss eines Gegenstandes, die Linie dessen Ränder sowie die einer jeglichen in ihm enthaltenen »Unterform«. Die Form eines Gegenstandes ist seine dreidimensionale Gestalt und wird innerhalb einer zweidimensionalen Arbeit mit Hilfe von Farbton oder Farbschattierung dargestellt. Schließlich gibt es noch die Farbe und die verwandten Kategorien Muster und Textur, die die Oberflächenbeschaffenheit des Objektes beschreiben.

1 Gestalt

2 Linie

3 Form

4 Farbe

Auf welche besondere Weise der Gegenstand zur Darstellung kommt, ist eine Frage der ästhetischen Wahl und hängt von der Quelle der Inspiration ab. Wenn es die Farbe ist, die Sie zu einem Gegenstand gezogen hat, dann konzentrieren Sie sich auf die Auswahl der Farben, um ihre Bedeutung hervorzuheben; war es die dreidimensionale Form, so konzentrieren Sie sich auf das Modellieren mit Hilfe von Licht und Schatten.

Bei nicht gegenständlichen Bildern sind Erwägungen im Hinblick auf Wiedererkennbarkeit bedeutungslos; folglich können Sie sich ganz auf die abstrakten Merkmale konzentrieren. Die Inspiration zu Gestalten, Formen und Farben kommt aus der realen Welt, so wie jegliche Bildersprache von irgendwoher oder durch irgendetwas angeregt wird. Entscheidend jedoch ist nicht die Quelle der Idee, sondern es sind ihre formalen ästhetischen Qualitäten.

Ihre Entscheidungen hinsichtlich der Gestaltung werden ebenso durch das Medium bestimmt, in dem Sie arbeiten. Man muss im Auge behalten, dass Mosaik von Natur aus ein unruhiges Medium ist, und zwar wegen des alle anderen visuellen Effekte überlagernden Maßwerks aus Mörtelfugen. Gestalten Sie daher, zumal wenn Sie am Anfang der Mosaikarbeit stehen, Ihre Entwürfe schlicht, um Verwirrung und gegenseitig störende Einflüsse der jeweiligen Effekte zu vermeiden.

Der schlichteste und am leichtesten zu erzielende Effekt in der Mosaikarbeit ist der Farbwechsel. In dem Badezimmermosaik (s. S. 10/11) ist der gesamte Hintergrund im gleichen, geraden Gitter ausgelegt; durch einfachen Farbwechsel jedoch werden rechteckige Felder angedeutet, die der Qualle und dem Seetang als Rahmen dienen. Eine sorgfältige Auswahl verwandter Töne innerhalb der Farben lässt zusätzlich die Illusion von Transparenz entstehen, da die weißen Mosaikstreifen des Hintergrundes mit den gelben und hellgrünen Streifen der rechteckigen Felder korrelieren.

Ein weiterer besonders dem Mosaik eigener Effekt ist das Muster. Da sich die Oberfläche aus vielen unterschiedlichen Elementen zusammensetzt, kann durch einfachen Farbwechsel in regelmäßigen Abständen ein Wiederholungsmuster gewonnen werden. Mittels Karos, Tupfen und Kreuzen werden Flächen unterteilt oder ansonsten einheitliche Farbflächen belebt.

Einige Mosaikmaterialien machen Licht- und Schatteneffekte möglich; zum Gelingen bedarf es jedoch einer großen Skala von Tonabstufungen innerhalb einer einzigen Farbe. Bei Industriemosaik funktioniert dies in Blau, Grün und Grau, schwieriger ist es mit Gelb, Rot und Orange. Bei den gemeinhin erhältlichen Farben der venezianischen Glassteine, *Smalten* genannt, gibt es eine große Bandbreite von Blau, Grau, Rot und Fleischtönen; geringer ist die Auswahl in Grün und Gelb. Die Farbe bei Marmor variiert von Natur aus hinreichend, um eine Tonfolge zu gewinnen, so bei *Carrara* (Weiß bis Grau) oder *Bardiglio* (Hellgrau bis Dunkelgrau). Keramikfliesen, sowohl glasierte wie unglasierte, verfügen dagegen im Allgemeinen über kein hinreichend großes Farbspektrum, um sehr raffinierte tonale Effekte zuzulassen.

Figur 1

Auch lineare Effekte lassen sich in Mosaik gestalten. Das Legen von einzelnen, Form gebenden Linien ist beinahe wie »Zeichnen mit Mosaik« und dabei ein angenehm leichter Vorgang. Sie sollten jedoch die Probleme nicht vergessen, die das Auslegen des Hintergrundes bereithält. Es so aussehen zu lassen, als würden dessen gerade Linien häufig von der Musterlinie geschnitten, ist sehr schwierig und erfordert eine Menge kniffliger Schneidearbeit (s. Figur 1). Leichter ist es, einen wie zufällig oder »chaotisch« gemusterten Hintergrund anzulegen (s. Figur 2).

Figur 2

Einige grafische Muster bieten besondere Probleme und sollten nach Möglichkeit vereinfacht oder ganz gemieden werden. Sehr feine Linien sind nur schwer zu erzielen, ebenso wie glatte Übergänge von einer Farbe in eine andere oder von einem Farbton zum anderen. Ein in engem Bogenmuster ausgelegter Hintergrund wirkt immer ungünstig; und Linien, die von einem einzigen Punkt ausstrahlen, erfordern eine Menge schwer zu schneidender Steinchen in sich verjüngender Form.

Scheuen Sie sich nicht, sich bei Ihren Entscheidungen hinsichtlich der Gestaltung vom Gesichtspunkt der leichten Ausführbarkeit leiten zu lassen.

Das fertige Bild wird dann natürlich in seiner Technik und inneren Logik und insgesamt überzeugend wirken. Lassen Sie sich durch nichts einengen, verwenden Sie Farben, die gut zueinander passen, selbst wenn das tatsächliche Objekt anders aussieht.

Missachten Sie die Perspektive und gewinnen Sie damit einen interessanten flächigen Hintergrund, ohne sich um entschwindende Fluchtpunkte oder sich verjüngende Fluchtlinien zu sorgen.

Anstatt unbedingt ganz spezielle Arten oder Typen darstellen zu wollen, verallgemeinern Sie lieber die ausgewählten Objekte wie Fische, Früchte oder Blätter zu neuen reizvollen Gestalten oder Linien. Sie können Objekte wiederholen, in Hälften aufschneiden oder sie in beliebiger Weise manipulieren, damit das Bild interessant wird – kurz: nehmen Sie sich jede Freiheit heraus!

OBST & GEMÜSE

Diese Mosaiken sind ebenso schlicht wie kraftvoll ausgeführte Beispiele einer Obst- und Gemüseserie. Sie ist eine gute Quelle für Motive, weil die jeweiligen Formen einfach, klar umrissen und leicht wiederzuerkennen sind. Die Objekte teilen sich in erster Linie durch Gestalt und Umriss mit und gewinnen an Detailreichtum durch Halbierung, wobei jede Hälfte unterschiedlich ausgeprägt ist.

Da auf Körperhaftigkeit mittels Hell-Dunkel-Effekten verzichtet wurde, wirken die Mosaiken insgesamt recht flach. Die Auswahl der Farben ist wenig differenziert. Apfel und Birne sind grün, Paprika und Tomate rot, im Übrigen aber wurden die Farben wegen ihrer wechselseitigen Verwandtschaft ausgesucht. Die Anordnung der Farben wird durch die Notwendigkeit diktiert, die beiden unterschiedlichen Seiten eines jeden Stückes im Gleichgewicht zu halten. Im Apfel und in der Birne wird der starke Hell-Dunkel-Kontrast auf der einen Seite durch das lebhafte Lindgrün auf der anderen Seite ausgeglichen, in der Tomate und in der Paprika das lebhafte Türkis und Orange vor violettem Hintergrund durch den starken Kontrast von Dunkelrot und Hellorange nivelliert.

Die schlichten Objekte heben sich auch durch die unterschiedlich gestalteten Mosaikteilchen von ihrem Hintergrund ab. Die Obst- und Gemüseformen sind mit dreieckigen, willkürlich ineinander greifenden Stückchen ausgelegt. Wo Umrisslinien ausgeführt sind, geschieht dies mit grob quadratischen Teilchen; die Hintergründe sind in einem Muster aus rechteckigen Formen ausgelegt. Einer der Vorteile des Arbeitens mit größeren Keramikfliesen ist der, dass Sie Stücke von sehr unterschiedlicher Gestalt und Größe abschneiden und in Ihrer Darstellung verarbeiten können.

Ratschläge für die Gestaltung

- Diese Mosaiken sind leicht auszuführen, nicht zu umfangreich und für Anfänger geeignet; schwierige Schneidearbeit ist nicht erforderlich.

- Die Arbeiten messen 30 cm im Quadrat, können aber leicht vergrößert oder verkleinert werden. Sie sind aus glasierter Keramik hergestellt und würden sich gut in eine Kachelwand einfügen, wo sie ein quadratisches Feld von

einer, vier oder sechs einfarbigen Fliesen an einer Küchenwand ersetzen könnten. Falls Sie die Mosaiken in ein Feld von Kacheln einsetzen wollen, die dicker als die hier verarbeiteten sind, so ist auch dies möglich. Entfernen Sie die vorhandenen Kacheln und kleben Sie sodann das Mosaik, unterlegt mit einem dünnen Sperrholzrücken (ca. 12,5 mm), mittels Kontaktkleber an die Wand. Eine andere Möglichkeit besteht darin, die vier Eckstücke des Mosaiks bis zu seiner Befestigung mit Senkschrauben wegzulassen. Notieren Sie sich den Sitz der Schrauben, damit Sie später bei Bedarf das Mosaik woanders anbringen können. Denken Sie daran, dass das verarbeitete Material sich nicht für eine Verwendung auf dem Fußboden oder im Freien eignet.

- Die Mosaiken können mit Hilfe der direkten Methode (s. Seite 112) und eines geeigneten Klebers auf Zementbasis ausgeführt werden oder mittels Kleben auf ein Gittergeflecht (s. Seite 119).

- Von besonderer Wichtigkeit ist bei diesen Modellen die Gestalt. Zeichnen Sie deshalb einen kräftigen und gefälligen Umriss. Die Objekte brauchen nicht symmetrisch zu sein, vermeiden Sie aber wahllose Abweichungen.

- Kleben Sie zuerst die aus quadratischen Teilchen bestehende Umrisslinie auf und legen dann die Objekte mit Dreiecken aus. Die Lücken zwischen den Fliesen sollten relativ konstant und die Stücke selbst in etwa gleich groß gehalten werden. Plötzlich auftretende Kleinteile oder große Lücken springen nämlich ins Auge und wirken ungünstig. Ganz kleine Teilchen sollten generell vermieden werden, da diese der Schlichtheit des Ganzen Abbruch tun und im Übrigen schwierig festzukleben sind. Gehen Sie nun zum Hintergrund über, indem Sie rechteckige Teilchen reihenweise wechselnd in unterschiedlicher Ausrichtung legen und »Farbblitzer« in Kontrastfarbe gleichmäßig über die Fläche verteilen.

- Wir haben uns für schwarzen Mörtel entschieden, um den Farben besondere Intensität zu verleihen und die kontrastierenden Muster der Mörtellinien hervorzuheben. Falls Sie die Mosaiken in ein anderes Kachelfeld setzen wollen, könnte eine andere Farbe wie etwa Weiß angebracht sein. Der Effekt wird weniger aufregend sein und die Farben werden ein wenig verwaschener wirken, die Motive aber werden immer noch deutlich zu erkennen sein.

TISCHPLATTE MIT GESCHIRRMOTIVEN

Mit Hilfe verschiedener Kunstgriffe wurde das Bild hier vereinfacht und stilisiert; der eigentliche Gedanke war es, mittels Linie in Verbindung mit Farbe und Tonwert die Gefäße auf der Tischplatte anschaulich zu machen. Die Gegenstände wurden wegen ihrer interessanten Silhouette, den eingerollten Griffen und den mit den sanften Rundungen von Glas und Schale kontrastierenden Schnäbeln der Krüge ausgewählt. Verschiedenfarbige Umrisslinien auf den einander gegenüberliegenden Seiten vermitteln auf stilisierte Weise den Eindruck eines einseitigen Lichteinfalls. Weiße Umrisslinien verweisen auf das Vermögen von Glas, selbst auf der lichtabgewandten Seite Reflexe auszusenden, wogegen schwarze Linien für ein Gegengewicht zum Weiß sorgen.

Eine weitere in dieser Arbeit angewendete Technik ist die Manipulation der Perspektive. Ein jedes Objekt ist von einem Rechteck mit Schachbrettmuster umfangen, das einen Untersetzer darstellen soll. Wo diese Rechtecke sich überlappen, findet ein Farbwechsel entweder zu helleren oder zu dunkleren Tönen statt. Auf diese Weise wird auf dem doch flachen Stück die Illusion von Tiefenschärfe geschaffen und der Eindruck erweckt, als schwebten die verschiedenen Ebenen voreinander her. Die widerstreitenden Perspektiven der zum größten Teil von der Seite gesehenen Objekte gemeinsam mit ihren von oben gesehenen Hintergründen verwirren unsere räumlichen Vorstellungen und verhelfen dem Stück zu größerer Lebendigkeit.

Belebt wird die Oberfläche auch durch ein von alternierenden Farben gebildetes Schachbrettmuster. Die Farben verhalten sich komplementär zu den in den Objekten verwendeten und lassen zudem die gesamte Komposition ausgewogen wirken. Da sie vor einer dunklen Hintergrundfarbe auftreten, leuchten sie mit größerer Intensität.

Ratschläge für die Gestaltung

- Dieses Stück wurde als Tischplatte entworfen, lässt sich aber ebenso gut in eine Küchenwand einfügen. Man klebt es entweder direkt auf eine MDF-Platte (s. Seite 112) oder bedient sich der indirekten Methode (s. Seite 114). Letztere ergibt eine ebenere Oberfläche.

- Das Stück misst 65 x 65 cm. Wesentlich verkleinern lässt es sich nur schwer, da die Ausführung sonst knifflig wird, vergrößern hingegen durchaus und zwar, indem alle Objekte in größerem Maßstab dargestellt werden oder indem man zusätzliche Flächen in einheitlicher Farbe oder mit Schachbrettmuster an allen vier Seiten außen anfügt. Das gesamte Stück sollte mit ganzen Mosaiksteinen gestaltet werden; eine Reihe aus geschnittenen Steinchen am Rand würde nicht zum Charakter der Darstellung passen.

- Positionieren Sie beim Zeichnen des Entwurfs zuerst die Krüge und Schalen und betonen Sie die Umrisse mittels kräftiger Linien. Die Rechtecke der Sets werden grob angedeutet und erst dann genau fixiert, wenn Sie den Hintergrund auslegen. Kleben Sie zuerst die Umrisslinien der Objekte auf und füllen Sie diese dann aus.

- Kleben Sie eine Steinchenreihe quer am oberen Ende und an der Seite entlang, um die Steinverteilung und den Maßstab festzulegen. Denken Sie beim Legen der Seitenlinie daran, dass die Teilchen des einheitlichen Hintergrundes »versetzt« sind, dass Sie also ganze und halbe Steinchen abwechselnd verwenden müssen. Gemäß dieser Verteilung können Sie die Ränder der Sets genau festlegen und diese entsprechend ausfüllen. Es empfiehlt sich, dort, wo das Schachbrettmuster von den Objekten unterbrochen wird, mit dem Lineal Querlinien zu ziehen, damit diese wirklich gerade verlaufen.

• Falls Sie die indirekte Methode angewendet haben, treten Sie von der fertigen Arbeit zurück und überprüfen Sie, ob die Farbwahl, besonders in den Schachbrettmustern, ein ausgewogenes Ganzes ergibt. Einige Bereiche könnten zu stark kontrastieren, andere hingegen zu dezent sein. Das lässt sich in diesem Stadium noch leicht ändern: Legen Sie für 15 bis 20 Minuten ein feuchtes Tuch oder einen Schwamm auf die Papierrückseite, um den Leim zu lösen; nun können Sie einzelne Fliesen ablösen, ohne das Papier zu zerreißen.

SOMMER

Dieses Mosaik interpretiert eine Sommerlandschaft, die – obgleich sehr stilisiert – unmittelbar erkennbar ist. Der wichtigste Aspekt in dieser Darstellung ist das Muster. Jede einzelne Fläche hat ihr eigenes, das aus einem kombinierten Wechsel von Farbe und Verlegemethode entsteht. Die Feldflächen sind als in eine oder zwei Richtungen verlaufende Reihen mit kleinteiligem Schuppenmuster angelegt, die sich von den wilderen Mustern der Bäume mit ihren Wirbeln und Bögen unterscheiden. Das Stück besteht zu einem Großteil aus eng verwandten Blau- und Grüntönen und dort setzen sich die einzelnen Flächen nur mit Hilfe der unterschiedlichen Muster voneinander ab.

In diese Komposition aus Blau und Grün sind stark leuchtende Farben eingebracht, manchmal als Bestandteil der Muster, manchmal in Form ganzer Felder. Diese »Farbblitzer« vermitteln in Verbindung mit gelegentlichem Weiß den Eindruck einer sonnendurchfluteten Landschaft. All die Farbkombinationen, ob strahlendes Blau und Grün oder kräftiges Lindgrün und Oliv, bewirken einen schimmernden Effekt, der die Farbverläufe wie hinter einem Hitzeschleier verschwimmen lässt.

Wenngleich nicht dreidimensional modelliert wurde, ist das Bild doch keineswegs flach. Der Anordnung der ausschwingenden Hügel innerhalb der Komposition entnehmen wir, dass diese hintereinander liegen. Die Baumgruppen, obwohl weitgehend versteckt, lassen Perspektive ahnen. Das orange Feld in der Bildmitte zieht den Blick des Betrachters an, als schaue er zwischen steilen und bewaldeten Hügeln darauf.

Ratschläge für die Gestaltung

• Dieses komplizierte Stück erfordert eine durchdachte Farbwahl sowie Sorgfalt beim Schneiden. Es sei daher erfahreneren Mosaiklegern empfohlen. Entworfen ist es als 70 cm im Quadrat großes Rahmenbild, könnte aber auch an einer Wand befestigt werden, vielleicht im Garten, um die Illusion eines Blicks in die Ferne zu vermitteln. Die direkte wie die indirekte Arbeitsmethode sind gleichwertig zu nutzen (s. Seiten 112 und 114).

• Wenn Sie sich vor Arbeitsbeginn einen Vorrat von in Viertel geschnittenen Glassteinchen aus Industriemosaik anlegen, sparen Sie Zeit und werden von der Arbeit später nicht abgelenkt.

• Arbeiten Sie beim Aufkleben der Teilchen immer nur an einer Fläche und achten Sie auf die Farbe der angrenzenden Flächen. Es gilt das Gleichgewicht zu wahren zwischen der Notwendigkeit, einerseits mehrere benachbarte Farben tonal eng beieinander zu halten und andererseits die Flächen deutlich als voneinander getrennte sichtbar werden zu lassen. Denken Sie daran, dass auch Umrisslinien dazu taugen, eine Fläche von der anderen zu unterscheiden.

• Unter rein visuellem Gesichtspunkt kann das Stück gut unverfugt bleiben. Praktische Erwägungen – wie eine leichte Reinigungsmöglichkeit – mögen dem entgegen stehen; wenn das Mosaik aber als Bild aufgehängt werden soll, wird es ohne Fugen intensiver wirken. In diesem Fall kann man die Steinchen mit der Rückseite nach oben verlegen und damit dem gesamten Mosaik zu einer Textur verhelfen. Bei Anwendung der direkten Methode klebt das Glas besser mit der flachen Seite nach unten. Wenn die Teilchen sorgfältig zugeschnitten werden, sind die Fugen zwischen ihnen praktisch nicht zu sehen. Dies bedeutet, dass die Farben in direkter Berührung stehen und ohne die neutrale Mörtelfarbe zwischen ihnen noch heller strahlen können.

GALERIE

Kabeljau & Barrakudas

Die Mosaiken unten sind Teil des am Kapitelanfang gezeigten Badezimmers (s. Seite 10). Die Fische werden bildhaft als eine Kombination aus Gestalt und Muster. Die Barrakudas sind so gruppiert, dass sie an die synchronen Bewegungen eines Schwarms denken lassen; jeder einzelne trägt ein schlichtes Streifenmuster auf dem Rücken. Der Kabeljau hingegen hält sein Feld in einsamer Pracht besetzt, seine massige Gestalt wird durch unregelmäßig verteilte Tupfen belebt. Beide Dekore weisen eine Beschriftung auf, ein Kunstgriff, den man oft auf antiken Mosaiken findet. Abgesehen von der Möglichkeit zu interessanten Mitteilungen fügen Farbe und Form der Buchstaben sowie ihre Anordnung quer über die Fläche den Darstellungen ein weiteres visuelles Element hinzu. Die im oberen Beispiel verwendeten silbernen Reihen lassen das Stück funkeln, wie es die einzelnen auf der weißen Wandfläche verstreuten Spiegelfliesen auch tun (s. Seite 10).

Dusche im Bücherregal?

Dieser kleine Duschraum oben geht von einer Bibliothek ab, und der Kunde wünschte sich, dass die Raumfunktion nicht allzu offensichtlich wäre. Die Lösung bestand darin, dass man die Wände mit Bücherregal-Motiven dekorierte, als seien sie eine Erweiterung der Bibliothek selbst. Lediglich ein schmales Farbspektrum kam zur Anwendung; die Wände erhielten ihre sehr klare Struktur durch Unterteilung in eine Reihe von Feldern. Es gibt weder verspielte Details noch dreidimensionale Effekte, das Ganze funktioniert als eine Abfolge schlichter, einheitlicher Flächen, die den beschränkten Raum, den sie ausschmücken, nicht »totschlagen«.

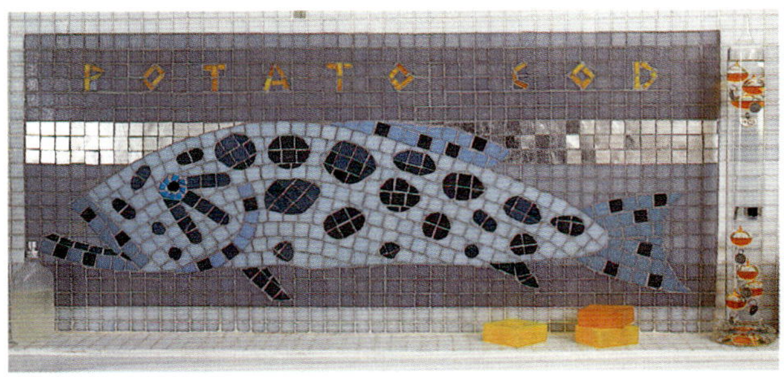

Kulinarisches Mosaik

Diese Mosaiken gehören zu einer Serie, die für die Wände eines Restaurants entworfen wurde. Sie zeigen aufeinander folgend den Einkauf, das Vorbereiten, Kochen, Servieren und Essen von Speisen. Obgleich es sich teils um ein recht statisches Thema handelt, wünschte der Kunde doch, dass von der Darstellung Bewegung ausgehe. Die Belebung erfolgte mittels einer dynamischen Gestaltung, mit Objekten, die schräg zueinander auf gemusterten Tischdecken mit eigenwillig verzerrten Proportionen stehen. Die Töpfe, Pfannen und Teller sind von sehr schlichter Gestalt, haben jedoch eine kraftvolle dreidimensionale Wirkung, die sich aus den tonalen Übergängen von Dunkel nach Hell ergibt.

2 FARBE

Dass man beim Arbeiten an einem Mosaik mit Farbe umzugehen lernt, ist nicht nur hilfreich, sondern macht auch viel Spaß. Dieses links abgebildete, für eine Badezimmerwand angefertigte Mosaik vereint in sich leuchtende wie gedämpfte Farben. Außerdem wird Fugenmörtel in verschiedenen Tönen verwendet, was sich auf unsere Farbwahrnehmung stärker auswirkt als man glauben möchte. Dieses Kapitel erklärt einige im Zusammenhang mit Farbe vorkommende Grundbegriffe, zeigt, wie wichtig es ist, farbige Vorzeichnungen anzufertigen und erläutert die Farbcharakteristika verschiedener Mosaikmaterialien sowie deren jeweilige Vorzüge, Nachteile und angemessene Anwendungen.

FARBE ERKUNDEN

Im Zusammenhang mit der Gestaltung von Mosaiken wird immer wieder auf Begriffe wie »Farbe«, »Ton« und »Intensität« Bezug genommen. Sie sollen im Folgenden erklärt werden.

Farbe

Eine Farbe wie zum Beispiel Blau, Gelb oder Rot ist bestimmt durch ihre Stelle im Farbspektrum. Es gibt eine lange Tradition von Versuchen, die zeigen, was eine gelungene Farbkombination ausmacht. Die Idee der Komplementärfarben ist nur ein Beispiel von vielen. Komplementärfarben sind solche Farben, die im Farbenkreis einander gegenüberliegen, wie etwa Rot und Grün. In diesem Buch bedienen wir uns des Begriffs auch, wenn von Farben wie Braun und Violett die Rede ist, also Mischfarben, die im Spektrum nicht zu finden sind, sowie von unbunten Farben, also Schwarz, Weiß und Grau.

Farbton

Wenn man Ihr Mosaik mit einem Blick begreifen soll, ist es wichtig, dass Sie sich über den Farbton Gedanken machen. In diesem Buch wird der Farbton in drei Untergruppen eingeteilt: helle Töne, mittlere Töne sowie dunkle oder besonders leuchtende Töne. Stellen Sie sich vor, Sie wollen ein Mosaik anfertigen, in dem Objekte von unterschiedlicher Farbe aneinander stoßen. Farblich mögen sie individuell unterschieden sein, falls sie aber im Farbton verwandt sind, werden sie optisch »zusammengezogen« und die scharfe Trennung zwischen ihnen könnte verloren gehen. Sie können aber Maßnahmen ergreifen, um die Lage zu retten. Sie können die Trennschärfe erhöhen, indem Sie Fliesen in derselben Farbe auslegen, aber diese dort, wo die Flächen aneinander grenzen, durch hellere oder dunklere Töne abstufen. Auch durch Ändern der Verlegemethode lässt sich der Unterschied zwischen einer Farbe und einer anderen Farbe kennzeichnen. Man kann beispielsweise die Richtung der Verlegelinie ändern oder die Umrisse der Steinchen markieren. Diese auf größere Klarheit zielenden Methoden erwachsen aus der Erfahrung. Mit ein wenig Praxis werden Sie in der Lage sein, eigene Anwendungen zu erfinden.

Intensität

Die Intensität einer Farbe bezeichnet ihren Grad der Sättigung oder das Farbgewicht. Die Farbintensität einer Fläche wirkt sich darauf aus, wie ausgewogen ein Mosaik ist, da intensive Farben schwerer erscheinen als weniger gesättigte. Das soll jedoch nicht heißen, dass Intensität nur für dunkle Farben gilt – tatsächlich ist strahlendes Weiß genauso intensiv wie Zitronengelb. Wenn Sie mit den Augen blinzeln und dabei auf eine Mosaik-Farbtafel blicken, sind es die intensiven Farben, die Ihnen entgegenspringen. Dies sind im Allgemeinen die hellen; Mosaiksteinchen in diesen Farben sind durchweg die teuersten. Sonderbarerweise gibt es Farben, wie Hellblau und Hellgrün, die innerhalb einer Farbumgebung intensiv wirken, selbst aber kein großes Farbgewicht aufweisen. In Kombination mit anderen Mosaiksteinen kann ihr Farbton gedämpft wirken, was Sie sich selbst anhand von Versuchsanordnungen vor Augen führen können. Stellen Sie sich ein kleines Probestück aus kräftigem Blau und Grün zusammen – Sie werden feststellen, dass die Farben aus einem gewissen Abstand zu verschmelzen scheinen, ja sogar ihren Farbgehalt verlieren und grau werden. Die Wechselbeziehungen aus ihrer Anordnung im Farbspektrum sind ganz andere als man es vermutet. Die oben beschriebene Wirkung hat häufig mit der Farbe des Fugenmörtels zu tun und betrifft nicht die intensiven Farben, die ihre Reinheit beibehalten. Denken Sie jedoch daran, dass Intensität von der Umgebung abhängt. Eine Farbe, die in einem Kontext blass und schwach wirkt, kann kraftvoll in Erscheinung treten, wenn sie gemeinsam mit anderen verwendet wird, die einen geringeren Tonwert haben als sie selbst.

Diese Zusammenstellung ist blass im Ton; die Farben variieren, die Töne jedoch ähneln einander. Grau und Grün gehen im Ton nahezu ineinander über, das hellere Weiß aber sticht hervor und verleiht der Mischung Frische.

Diese Kombination von dunklen und mittleren Tönen bringt einen reizvollen Flimmereffekt hervor. Achten Sie darauf, dass eine solche Mischung über das ganze Stück hin ausgewogen ist, da ein plötzlich auftretender Fleck aus helleren oder dunkleren Fliesen befremdlich wirkt.

Die roten Steinchen hier sind farblich intensiv. Sie vibrieren vor einer dunklen und ziemlich gedämpften Hintergrundmischung. Ohne das Rot würde man die violett-blaue Farbe sehr viel intensiver wahrnehmen.

Blau und Olivgrün sind hier im Ton verwandt. Farben, die tonlich verwandt sind, haben aus einem gewissen Abstand betrachtet die Neigung zu verschmelzen.

Dieses Mosaik ist dunkel im Ton. Wenn die Steinchen nicht von großer Farbintensität sind, kann die Neigung verwandter Töne zu verschmelzen eine Farbmischung ergeben, die ziemlich grau erscheint. Das in dieser Mischung verwendete Grau erhöht die Wahrscheinlichkeit dafür.

Diese Mustertafel demonstriert auf wirkungsvolle Weise die Tatsache, dass Intensität etwas anderes als Helligkeit ist. Das braune und das grüne Steinchen in der Mitte verfügen über fast so viel Intensität wie die mit hellen Farben.

Fugenmörtel

Es ist bemerkenswert, wie sehr die Wahrnehmung der Farbe in einem Mosaik vom Fugenmörtel beeinflusst wird. Wenn die Leute an Mosaik denken, stellen sie sich oft impressionistische oder pointillistische Farbgebung vor – lauter winzige, dicht beieinander liegende Punkte von Helligkeit. Tatsächlich aber stößt selten eine Mosaikfliese an eine andere, ohne dass Mörtel zwischen ihnen liegt – statt eines Gemäldes von Seurat ergibt sich also vielmehr ein Effekt von grauem, schwarzem oder weißem Maschengeflecht. Es ist nicht schwer zu erkennen, dass sich hierdurch die Farbbeziehungen wesentlich ändern und dass Mörtel die Leuchtkraft der Farben dämpft.

Vergleichen Sie die Beispiele gegenüber. Alle vier enthalten identische Farben, die wir wegen der Mörtelfarbe aber ganz unterschiedlich wahrnehmen. Diese Beispiele lassen zudem Raum für Fehldeutungen. So sollten Sie aus dem, was Sie sehen, nicht etwa schließen, dass weißer Mörtel grundsätzlich die Einzelelemente betont oder dunkler Mörtel für starken Kontrast sorgt. Wenn Sie weiterhin diese Beispiele betrachten, werden Sie sehen, dass sich alle vier Mörtelfarben raffiniert einsetzen lassen.

Als allgemeine Regel gilt, dass man ein Mosaik in dem Farbton verfugen sollte, der in dem Stück vorherrscht. Wurden also vorwiegend blasse Töne verwendet, so wählen Sie weißen oder elfenbeinfarbenen Mörtel; falls hauptsächlich mittlere Töne eingesetzt wurden, ist die Mörtelfarbe grau; ist das Mosaik im Wesentlichen dunkel, verfugen Sie es schwarz. Diese vier Mörtelfarben reichen für die meisten Anwendungen aus. Weist ein Stück einen starken Farbkontrast, etwa zwischen Schwarz und Weiß, auf, sollte es in Mittelgrau verfugt werden, so dass beide Farben gleichermaßen betont werden. Selbstverständlich gibt es Ausnahmen von diesen Regeln – Sie könnten ein Motiv in den Vordergrund rücken und ein anderes hintanstellen –, aber es ist eine nützliche Faustregel.

Unverfugtes Mosaik

Falls Sie Wert auf volle, leuchtende, nicht durch einen einzelnen Grundton gedämpfte Farbe legen, so stellen Sie Ihr Mosaik fertig und verfugen es nicht. Dies hat praktische Konsequenzen: Für Fußböden ist es damit ungeeignet; die Verwendung im Freien ist heikel, wenn auch nicht unmöglich, weil im Winter das Wasser, statt aus den Fugen abzulaufen, gefriert und Teilchen absprengen kann. Sie müssen selbst abschätzen, wie praktisch ein unverfugtes Mosaik für den von Ihnen gewählten Standort ist.

Farbplanung

Mittels Vorzeichnung und Farbplanung bügeln Sie alle Probleme aus, auf die Sie stoßen könnten. Oft lassen sich solche auf Papier leichter und schneller lösen als auf einem großen Mosaik. Hier sind einige Ratschläge, die Ihnen helfen sollen, eine Arbeitszeichnung erfolgreich anzufertigen.

- Wählen Sie eine Palette farbiger Steinchen aus und suchen Sie sich dann ein Medium wie Farbstifte, Aquarell- oder Acrylfarben in einer Skala, die zu Ihren Mosaiksteinchen passt. Sie sollte die Farbwirkungen des Mosaiks so genau wie möglich wiedergeben. Denken Sie daran, dass Ihre Palette festgelegt ist und Sie nicht wie in anderen Medien die Farben mischen können. Raffinierte Farbübergänge sind besonders schwer zu verwirklichen, es sei denn, Ihre Arbeit wäre sehr groß und würde daher aus einigem Abstand betrachtet.

- Lassen Sie sich nicht dazu verleiten, Ihre einmal getroffene Farbwahl um einer reizvollen Zeichnung willen aufs Spiel zu setzen. Falls Sie tatsächlich die Absicht haben, ein lebhaftes Rot zu verwenden, dann sorgen Sie dafür, dass es auf Ihrer Zeichnung genauso lebhaft aussieht wie in Wirklichkeit. Wenn Sie die falschen Farben verwenden, werden Sie potenzielle Probleme bei der Ausgewogenheit nicht erkennen können und sich selbst um die Möglichkeit bringen, eine Lösung zu finden.

Bei diesen Mosaiken handelt es sich um eine willkürliche Mischung von Farben, aufgeteilt auf vier gleiche Felder und verfugt mit Mörtel in vier Farbtönen. Die Farben sind identisch, wenn auch nicht in der gleichen Weise über das Feld verteilt. Die optische Wirkung wird durch die Mörtelfarbe verändert. Deren helle Töne heben andere Farbeigenschaften hervor als die dunklen. Obwohl allgemein gilt, dass ein Mosaik in dem in ihm vorherrschenden Farbton zu verfugen sei, kann die Entscheidung Schwierigkeiten bereiten, nämlich wenn innerhalb eines Stückes scharf kontrastierende Töne auftreten. In diesem Fall ist es meist am Wirkungsvollsten, wenn das Mosaik in einem zwischen diesen liegenden Ton verfugt wird.

Weißer Mörtel: Obwohl er die Einzelteile deutlich trennt, hebt er doch die Farbe der Fliesen hervor.

Elfenbeinfarbener Mörtel: Er wirkt etwas gedämpfter als weißer Mörtel.

Grauer Mörtel: Er wirkt sehr gut bei mitteltönigen Fliesen. Unterschiedliche graue Mörtel haben auch unterschiedliche Eigenschaften; einige sind brauner als andere.

Dunkler Mörtel: Seine Wirkung ist der eines unverfugten Mosaiks am nächsten. Wenn er auch zuerst düster aussehen mag, hellt sich dunkler Mörtel beim Trocknen noch auf.

VOGELMOSAIK

Dieses Pelikanmosaik macht einige einfache, die Farbe betreffende Grundsätze anschaulich. Die Farbtöne des Hintergrundes wie des Vogelkörpers sind relativ eng verwandt. Wenn Sie solche Farben in einem Bild einsetzen, kann es Probleme mit der klaren Lesbarkeit geben. Obwohl die Unklarheit eines Bildes einen potenziellen Verlust bedeuten kann, hat das Arbeiten mit verwandten Farbtönen doch einen gewissen Reiz.

Dieser Pelikan ist sehr schlicht, stilisiert und mit einheitlichen Farbflächen gearbeitet. Aus dem Kontrast zwischen den eng verwandten Tönen von Hintergrund und Vogel und der leuchtenden Farbe seiner Beine und des Schnabels macht er einen Gewinn.

Vogelkörper und Hintergrund sind auch in ihrer Verlegerichtung komplementär, was der Erfassbarkeit des Bildes dienlich ist.

Der Pelikan ist aus Glas-Industriemosaik gearbeitet – wahrscheinlich die beste Wahl, wenn Sie am Experimentieren mit Farbe interessiert sind. Es ist relativ preiswert, bietet eine breite Farbpalette und lässt sich für eine Vielfalt von Effekten nutzen.

Ratschläge für die Gestaltung

Dieses dekorative Mosaik eignet sich für eine Wand, lässt sich aber genauso gut als Blumentopf-Untersatz verwenden. Bei Stücken mit praktischer Funktion wie diesem sollten keine sehr kleinen Teilchen am Rand verarbeitet werden, da diese leicht abgeschlagen werden können. Die Arbeit hat daher eine Umrandung aus ganzen Steinchen. Sie eignet sich sehr gut für Anfänger und kann mit Hilfe der direkten oder indirekten Methode hergestellt werden (s. Seiten 112 und 114).

• Wählen Sie Ihre Farbpalette mit Bedacht aus. Dieses Mosaik wird durch die Mörtelfarbe zusammengehalten, die im Ton den im Stück vorkommenden Farben verwandt ist. Sie können sich genauso gut für eine gänzlich andere Farbskala entscheiden. Wenn Sie Mosaiksteinchen mit starkem Farbtonkontrast aussuchen, kann es geschehen, dass der Mörtel eine Fläche nivelliert, eine andere hingegen sprengt und so die Ausgewogenheit des Ganzen stört. (Siehe auch Seite 26.)

• Behalten Sie bei der Farbauswahl die tonalen Charakteristika der zu verwendenden Fliesen im Auge. Probleme mit der Klarheit können sich nicht nur durch die Wahl eng verwandter Töne, sondern auch mit stark kontrastierenden ergeben. Wo ein breites Spektrum von unterschiedlichen Tönen eingesetzt wird, kann das Bild schnell unruhig und schwer erfassbar werden. Machen Sie davon also nur Gebrauch, wenn Sie auf Kontrast oder Farbvariationen Wert legen.

TISCHPLATTE AUS GLASIERTER KERAMIK

Glasierte Keramikfliesen werden in einer großen Vielfalt von Farben, Mustern und Oberflächenbehandlungen angeboten. Dank dieser Vielfalt ist der Spielraum möglicher Mosaikgestaltungen erfreulich groß. Da man es mit größeren Einheiten zu tun hat, kann man die Fliesengröße und Schnittform nach Belieben wählen. Der Reihe möglicher Anwendungen sind nur wenige wirkliche Grenzen gesetzt. Eine rührt aus dem Umstand her, dass Keramikfliesen einseitig glasiert sind und ihre Rückseite daher nur schwer nutzbar zu machen ist. Die andere wesentliche Grenze bezeichnet die Tatsache, dass die breitesten Farbskalen nur für solche Fliesen verfügbar sind, die an Innenraumwänden, aber nicht im Freien oder auf Fußböden verwendet werden können. Häufig erleidet die Glasur beim Schneiden Einbußen; prüfen Sie deshalb das Material im Hinblick auf die ihm zugedachte Aufgabe.

Die Tischplatte aus glasierter Keramik demonstriert einen recht ungezwungenen Umgang mit Zuschnitt und Farbe. Das Muster basiert auf dem Kreis und der Möglichkeit, ihn in Abschnitte zu teilen. Vom Zentrum gehen Formen aus und stoßen an einen Mittelstreifen, wo sich der Farbton ändert. Bei dieser Tischplatte geht es um das experimentelle Steigern und Vermindern der Intensität der eingesetzten Farben: ein schlichter Effekt, aber von überraschend interessanter Wirkung. Denken Sie daran, dass einfache Ideen oft die besten sind und Komplexität eine gute Idee nicht unbedingt verbessert.

Ratschläge für die Gestaltung

Dieses Vorhaben, ausgeführt unter Anwendung der direkten Methode (s. Seite 112), erfordert ein gewisses Maß an Fertigkeiten im Schneiden und Auslegen, damit sich die gezeigten Effekte einstellen.

- Manchmal erweist sich die Auswahl der angemessenen Fliesenfarben als schwierig. Bei einem Stück, dessen Wirkung eher von der Beziehung der Farben untereinander als von Muster oder Ausführung abhängt, sollte Ihre Auswahl so aufregend wie möglich sein. Halten Sie Ihre Farben gegeneinander und vergleichen Sie, welch emotionale Wirkung von einem Farbsatz im Vergleich zu einem anderen ausgeht. Sie werden feststellen, wie lebhaft einige Zusammenstellungen wirken, wohingegen andere fade erscheinen. Für Menschen mit angeborenem Farbensinn mag dies selbstverständlich sein, viele von uns aber müssen ein Gefühl für Farben durch Schauen und Lernen erst erwerben. Haben Sie einmal begonnen, wahrzunehmen, wie Farbe wirkt, so werden Sie das unendlich interessant finden.

- Wählen Sie die Fugenmörtelfarbe mit Bedacht aus. Dieses Mosaik wird erst durch den Fugenmörtel zu einer Einheit, obgleich auch ein stark kontrastierender Mörtel wirkungsvoll sein könnte. Durch die Verwendung des dunkelsten Mörtels wird das intensive Farbband in der Mitte des Tisches hervorgehoben. Wäre dieses Stück grau verfugt worden, würden die Hintergrundfarben gedämpfter und einheitlicher aussehen, die Intensität des leuchtenden Mittelstreifens aber wäre doch ein wenig vermindert. Weiß verfugt würde das ganze Stück als uneben und gebrochen wahrgenommen, da die Betonung eher auf der Schnittform als auf der Farbe läge.

SPIEGELEINFASSUNG IN KERAMIK

Die typischen Merkmale unglasierter Keramik, die gedämpften, matten, erdigen Töne, führt diese Spiegeleinfassung vor Augen. Die zarten Farben erfahren eine Verstärkung durch den Anteil an weißen Fliesen. Keramik wird häufig für Fußböden verwendet, wo weniger lebhafte oder intensive Farben eingesetzt werden. Wollen Sie die Farben kräftiger erscheinen lassen, so verwenden Sie Schwarz und/oder Weiß gemeinsam mit ihnen, da diese die Farben, die sie begleiten, immer intensivieren.

Keramik weist eine weitere Besonderheit auf, die mit ihren kontrastarmen, neutralen Farbtönen zu tun hat: Gerade wegen ihrer Unaufdringlichkeit findet die Weise, in der die Teilchen zusammengefügt sind, Aufmerksamkeit. Dies ist bei Industriemosaik nicht so sehr der Fall, weil dessen Glanz und lebhafte Farbe die Aufmerksamkeit von den Zwischenräumen abzieht. Daher ist die Verschleierung von Fehlschnitten bei Keramik weniger leicht als bei Glas oder Marmor.

Keines der Vorhaben in diesem Kapitel wird in Marmor ausgeführt, aber es ist gut zu wissen, in welcher Weise er sich von Keramik unterscheidet. Obgleich beide Materialien gewisse Ähnlichkeiten aufweisen, lassen die natürlichen Adern und Sprenkel des Marmors diesen uneinheitlicher als Keramik erscheinen. Die Sprenkel ziehen die Aufmerksamkeit von den Schnittformen ab, was von Vorteil sein kann. Dagegen ist Keramik leichter zu schneiden als Marmor oder Glas. Es ist von Vorteil, die einem jeden Material innewohnenden Eigenschaften zu nutzen und aus deren Unterschieden Gewinn zu ziehen. So setzen Sie eben Keramik ein, wenn die Fugen ein wichtiges Gestaltungsmerkmal für Ihren Entwurf sind.

Ratschläge für die Gestaltung

Dieses Vorhaben erfordert ein gewisses Maß an Fertigkeit im Zuschneiden, wenn das Ergebnis wirkungsvoll sein soll; Sie sollten es also erst dann in Angriff nehmen, wenn Sie hier schon Übung haben. Angewendet wird die direkte Methode (s. Seite 112).

- Nutzen Sie den Fugenmörtel zur Vereinheitlichung der Mitteltöne im Bild. Die zarten Baumsilhouetten werden zu einem filigranen Maßwerk verknüpft, das der kontrastierenden Farbe des Hintergrundes gegenübergestellt ist. Diese wird durch den grauen Mörtel aufgebrochen, welcher zugleich die Bäume zu einer Einheit aus kräftigen Einzelgestalten zusammenschließt. Die Baumstämme sind größtenteils grau, das Fischmotiv im unteren Feld jedoch zeigt, dass das Graugrün und Rauchblau vom grauen Mörtel in gleicher Weise gehalten werden können.

- Behalten Sie bei der Ausführung der Gestalten und Formen das gesamte Stück im Auge. Dem Mosaik liegt ein genauer Fliesenraster (Wiederholungsmuster mit Einrahmung aus ganzen Fliesen) zu Grunde. Die Darstellung ist in Abschnitte unterteilt, die die Geometrie sowohl des Spiegels wie der Einfassung zum Ausdruck bringen.

GALERIE

Gartenmosaik mit Marmor und Smalten

Dieses Stück rechts zeigt, wie wirkungsvoll ein unverfugtes Mosaik sein kann. Angefertigt wurde es mit dem Ziel, einem kleinen Garten zu Textur, Farbe und Struktur zu verhelfen. Das Mosaik wurde einer schönen Mauer aus Feuerstein gegenüber angebracht; vom Haus blickt man auf ein großes, altes, mit rostfarbenen Ziegeln gedecktes Dach. Diese Farbe und Textur wiederholen sich im Mosaik; es ist so angelegt, dass sich der Eindruck eines an der Wand wachsenden Spalierbaumes ergibt. Farblich ist der Garten im Großen und Ganzen gedämpft; der Kunde wünschte sich für das Mosaik lebhafte, kräftige Farben, um den Garten – zumal im Winter – aufzuhellen. Das Mosaik ist in Flächen von außerordentlicher Intensität unterteilt; die Blätter sind mit einer Reihe geometrischer Figuren wie abstrakte Masken überlegt. Die intensiven Farben der Smalten werden durch Kombination mit den erdigen, weicheren Tönen des Marmors gedämpft. Der Kontrast zwischen der spiegelnden Oberfläche der Smalten und der matten, Licht schluckenden, von Riefen durchzogenen Oberfläche des Marmors ergibt einen Effekt, in dem sich beide Materialien ergänzen.

Badezimmermosaik

Der Dekor ist in Industriemosaik gearbeitet. Der Raum, in den das Mosaik gesetzt ist, befindet sich im obersten Stockwerk des Hauses und hat ein schräges Dach. Die schrägen Formen werden durch das Mosaik aufgenommen, ein Spiegel wurde extra so geschnitten, dass er in Einklang mit den Wölbungen und Winkeln der Figuren steht. Hier können Sie sehen, wie sehr intensives Orange und strahlendes Weiß vor einem mitteltönigen Hintergrund für eine beschwingte Farbwirkung sorgen.

»Fischmänner«

Dieses Werk demonstriert die Intensität und Lebhaftigkeit der Smalten – ein Material aus emailliertem Glas, das oft in byzantinischen Mosaiken zu sehen ist. Neben Blattsilber und Blattgold stellen Smalten wahrscheinlich das teuerste Mosaikmaterial dar. Wegen der gebrochenen Textur der mit allerkleinsten Zwischenräumen versehenen Oberfläche sind die Anwendungsmöglichkeiten begrenzt. Eigentlich passt ein solches Mosaik nur an Wände, wo eine etwas raue, vielleicht sogar scharfkantige Oberflächenbeschaffenheit kein Problem darstellt. Smaltenmosaiken bleiben im Allgemeinen unverfugt, da Mörtel in den Zwischenräumen die Farbbrillanz beeinträchtigen würde. Das bezeichnendste Merkmal dieses Materials ist seine unvergleichliche Farbintensität und eine daraus sich ergebende schwierige Anwendbarkeit. Es behält auch aus der Entfernung seine große Farbkraft, weshalb es traditionell an Kuppeln von Kirchen und Moscheen wie an hohen Decken Verwendung findet. Bei unserem Beispiel reflektiert die gebrochene Oberfläche das Licht; das satte Blau wird durch die Verwendung von Grau gedämpft.

3 KONTRAST

Kontrast hat im Mosaik viele Aspekte. Er kann den Farbton, das Material, die Verarbeitung, die Oberfläche wie die Farbe betreffen. Hier sei anhand eines Garten-Fußbodenmosaiks demonstriert, wie wirkungsvoll tonale Kontraste sein können: In geraden Reihen verlegter schwarzer Marmor und Bänder aus weißen ganzen und halbierten Marmorwürfeln sind Linien aus grünen Glaswürfeln gegenübergesetzt. Dieses Kapitel führt verschiedene Schneidemethoden vor, die dazu dienen, Teile von unterschiedlicher Größe und Gestalt anzufertigen. Diese können in Mosaiken eingefügt werden, wo sie andere Aspekte des gesamten Werks stützen und intensivieren.

KONTRASTE SCHAFFEN

Es gibt eine ganze Reihe von kontrastierenden Formen, derer Sie sich in Ihrem Mosaik bedienen können. Die meisten Menschen kennen vermutlich gerade einmal drei Arten, Mosaiksteinchen einzusetzen. Die erste besteht darin, das Material so zu verwenden, wie es aus der Fabrik kommt; die zweite, es zu vierteln; die dritte, es aufs Geratewohl zu schneiden, etwa so, als sei es versehentlich zerbrochen (manchmal als »Gaudíesk« bezeichnet). Tatsächlich kann man Mosaiksteinchen in zahllosen Formen zuschneiden.

Während der letzten Jahrzehnte war Mosaik als Dekoration gewissen Moden unterworfen. In den 50er-Jahren etwa legte man Wert auf Kontrast, und die Mosaiken aus jener Zeit weisen solchen in einer großen Vielfalt auf: kleine Fliesen zusammen mit großen, halbe im Kontrast zu Viertelfliesen sowie die Verwendung nicht reflektierender Materialien, um den Hochglanz bei anderen um so stärker wirken zu lassen. Auch Kontraste in der Textur waren beliebt. Ihren Ursprung hat diese Art des Arbeitens wahrscheinlich in einer Idee der Materialgerechtigkeit, die im Modernismus Allgemeingut war. Es war das Ziel des Kunsthandwerkers, den eigentlichen Charakter eines jeden Materials herauszudestillieren. Ein Stück Schiefer oder Kreide sollte sich in allerhöchstem Grade als schieferig beziehungsweise pudrig-kreidig darstellen.

In den 60er-Jahren war es Mode, das Mosaik als einen wesentlichen Teilaspekt der modernen Welt zu lancieren, wobei sein Ursprung aus dem Handwerk deutlich erkennbar blieb. U-Bahnhöfe sowie die Fassaden von Hochhäusern und Industriebauten wurden mit Mosaik verkleidet. Um Schnittformen ging es so gut wie gar nicht, da die Mode nach streng geometrischem Glas verlangte, das lagenweise direkt ab Fabrik bezogen wurde. In den 70er- und frühen 80er-Jahren herrschte dann Flaute; die Lieferanten und Hersteller überlebten, indem sie sich auf den Swimmingpool-Markt verlegten. Die Begeisterung für den Modernismus begann zu schwinden, als die mit Mosaik verkleideten Gebäude und U-Bahnhöfe zunehmend vergammelten.

Kontrast durch die Verlegerichtung

Kontrast durch die Fliesengröße

Kontrast durch die Schnittformen – große und kleine Stücke

Die Mitte der 80er-Jahre jedoch brachte die Handarbeit wieder zu Ansehen. Handwerkliche Produkte erschienen als attraktive Alternative zu den gesichtslosen Erzeugnissen der Industrie. Zwei Modetrends setzten mit ungefähr gleich weiter Verbreitung ein. Der eine machte nostalgisch ein antikes Erbe geltend und stand für Mosaik aus Marmor und Naturmaterialien, der andere für das unruhige, gebrochene, zeitgemäße Erscheinungsbild des Mosaiks aus zerbrochenen Fliesen, dessen Mentor Gaudí war. In beiden Fällen ging es darum, etwas zu schaffen, das so aussah, als ob keine Maschine es hätte hervorbringen können; Kontraste in Materialien, Mustern und Formaten der Mosaikteilchen machten einen Teil des Reizes aus. Mosaiken aufs Geratewohl auszulegen kann nur innerhalb eines strengen Systems funktionieren, und genauso arbeitete Gaudís Keramiker, Josep Maria Jujol. Die berühmten gewundenen Bänke im Guell-Park sind überwiegend weiß, ihre fließende Gestalt ist übersät mit ovalen Formen, wiederum in weißer Keramik gelegt. Der Einsatz von Farbe wie das Brechen der Fliesen werden unbestreitbar zwanglos gehandhabt. Beides aber unterliegt Regeln. Keineswegs ist es das Prinzip, alles zu einem Gemisch zusammenzuwerfen, wie zuweilen behauptet wurde. Dies ist wahrscheinlich die wichtigste Regel für das erfolgreiche Arbeiten mit Kontrasten. Man braucht ein System, innerhalb dessen Gegensätze ihre Wirkung entfalten können. Das Kreieren visuell ansprechender Kontraste ist keine Angelegenheit von »Alles geht«.

Materialkontrast – Glassteinchen und Keramik

Mit Beginn der 90er-Jahre war das Mosaik selbst in Mode – es stand für etwas, und zugleich sorgte seine Rolle als kulturelle Metapher für eine Erweiterung der Anwendungsmöglichkeiten. Plötzlich war jede Art des Vorgehens erlaubt, so dass heute wohl eine Art Goldenes Zeitalter für diese Technik angebrochen zu sein scheint. Beim Studium der folgenden Beispiele werden Sie bemerken, wie vielfältig die Wirkungen unterschiedlicher Schnittformen sind. Stellen Sie sich die Fugen zwischen den Fliesen etwa wie von einer Schreibfeder auf Papier hinterlassene Schriftzeichen vor. Der Vergleich könnte Ihnen helfen, die große Bandbreite der Ihnen offen stehenden Möglichkeiten zu überschauen.

TISCHPLATTE AUS GLASIERTEN FLIESEN

Dieses Stück führt verschiedene Arten von Kontrast vor. Einer liegt in der Größe der Teilchen. Die helle, zentrale Fläche füllen beliebige, recht unstrukturierte Schnittformen, wobei die Fliesen so, wie sie gerade zerbrechen, verarbeitet werden und kein besonderer Effekt beabsichtigt wird. Der Rand erfährt eine eher formale Behandlung. Wie bei der Tischplatte von Seite 31 gibt es einen Streifen in Kontrastfarbe, der in tonaler oder farblicher Verwandtschaft zu seiner unmittelbaren Umgebung steht, wobei jedoch das, was die Verwandtschaft ausmacht, rund um die Tischplatte wechselt. Die Teilchen werden so geschnitten, dass sie sich zu einer Serie von Mustern fügen, einige mit extremem Farbkontrast. Orange und Gelb leuchten strahlend hervor, Braun und Schwarz dagegen sind von wuchtiger Farbdichte. Der Rand zeigt eine große Ausgewogenheit, wenn diese auch mit unterschiedlichen Mitteln erreicht wird. Man kann also festhalten, dass Balance nicht durch Symmetrie oder gar durch sich wiederholende Farben und Formen gewonnen werden muss. Sie kann stattdessen aus Farbgewicht und Gestalt erwachsen.

Ratschläge für die Gestaltung

Dieses Vorhaben wurde mit glasierten Keramikfliesen verwirklicht. Ein wenig Erfahrung im Umgang mit dem Material ist vonnöten.

- Weil unser Beispiel aus glasierten Keramikfliesen besteht, kann nur mit der direkten Methode gearbeitet werden, da man bei der indirekten Methode die Farben der Materialrückseite sehen muss, was bei Keramikfliesen nicht möglich ist. Sie können aber die Fliesen auf ein Gittergeflecht kleben (s. Seite 119); im Freien sind sie nicht zu verwenden, da der PVA-Kleber nicht wetterfest ist.

- Glasierte Fliesen brechen in unvorhersehbarer Weise und bringen somit ungleichmäßige Formen hervor. Der schwarze Fugenmörtel des Randdekors verbindet die hellen und dunklen Farben. Auch im Zentrum ist der Mörtel schwarz, wodurch die Fugen und die etwas willkürlichen Schnittformen zur Geltung kommen. Dieser Mittelteil wurde in Wirklichkeit zweimal gemacht. Beim ersten Mal haben wir die Fliesen regelmäßig gebrochen, was einen sehr mechanischen Verlege-Effekt ergab. Das zentrale Muster wirkte zu steif im Verhältnis zu den schrägen Schnittformen auf der Umrandung. Deshalb wurde beim zweiten Mal lockerer an die Sache herangegangen – mit einem sichtbar wirkungsvolleren Ergebnis.

- Glasierte Keramikfliesen sind weich und leicht zu schneiden, so dass sich Größe und Form der Teilchen in erheblichem Umfang variieren lassen. Bei kleinformatigen Fliesen gibt es keinen großen Spielraum für Experimente und alles muss sauber geschnitten werden. Größere Keramikfliesen jedoch bieten weit mehr Freiraum; aus einem einzigen Stück können ganze Hintergrundflächen geschnitten werden, was völlig andere Effekte zulässt als die sonstige Mosaikarbeit.

FISCHMOSAIK

Dieses Stück demonstriert den puren Gegensatz von Schwarz und Beige. Die Fische schwimmen in verschiedene Richtungen, die Farben sind einander gegenübergestellt. Ein oder zwei einfache Kontraste müssen gegeben sein, damit eine solche schematische Darstellung Wirkung entfaltet. Einer ist offensichtlich der starke tonale Kontrast, ein anderer besteht in der Art, wie die Fliesen verlegt sind. Die Fischkörper wölben sich entgegengesetzt zu den Wellenformen des Hintergrundes. Die zu Zacken geformten Fliesen auf dem Fischrücken oben kontrastieren mit den gleichmäßig verlaufenden Viertelfliesen aus unglasierter Keramik und geben einen Rhythmus vor, dem die Krümmung der Welle dann folgt.

Viele der klassischen Mosaiken sind in Schwarz und Weiß ausgeführt worden. Die Verwendung einer eingeschränkten Farbpalette macht es Ihnen möglich, sich auf die Schnittformen der Fliesen zu konzentrieren und für einzelne Bereiche individuelle Muster zu entwickeln. Es wäre zum Beispiel auch denkbar, in unserem Beispiel alle Fliesen für die Fischkörper in Splitterform zu schneiden, um das Skelett der Fische anzudeuten.

Ratschläge für die Gestaltung

Dieses Mosaik misst etwa 30 x 30 cm und kann entweder mit Hilfe der direkten oder der indirekten Methode hergestellt werden (s. Seiten 112 und 114). Die Ausführung ist recht einfach, wenn auch die Schneidearbeit dafür ziemlich anspruchsvoll ist. Erst dann wird das Stück richtig wirken.

• Beginnen Sie mit dem Auslegen und Aufkleben der Außenlinien der Fische, die entscheidend für das Gelingen des Designs sind. Im Anschluss daran können Sie die Körper ausfüllen. Beginnen Sie bei der Grundlinie des oberen Fisches, so brauchen Sie dort, wo zwei Reihen derselben Farbe aufeinander treffen, nicht beide aus klein geschnittenen Teilchen zu bilden. Falls trotzdem solche notwendig werden, bringen Sie sie in der Mitte unter, wo sie sich am leichtesten kaschieren lassen.

• Sobald Sie mit den Fischen fertig sind, legen Sie die Fliesen entlang der Linie aus, die Schwarz und Weiß trennt. Dadurch wird keine der beiden Farben an der Stelle, wo sie aufeinander treffen, von der anderen geschnitten und es entsteht auch nicht der Eindruck, einer Farbe käme ein größeres Gewicht als der anderen zu. Das Arbeiten von einer Mittellinie aus hat leider zur Folge, dass am Rand angeschnittene Fliesen zu liegen kommen. Diese sind ungeschützt und können leicht abgeschlagen werden. Wenn also Ihr Mosaik einem praktischen Zweck (z. B. als Untersatz für einen Blumentopf) dienen soll, dann machen Sie das Ganze ein wenig kleiner und versehen Sie es mit einer schützenden Einfassung.

• Wäre der Fugenmörtel passend zu einer der beiden Fliesenfarben gewählt worden, hätte ein Mosaikteil Priorität erhalten; dadurch kann sogar das ganze Stück aus dem Gleichgewicht geraten. Besser ist es, sich für grauen Mörtel zu entscheiden, der Schwarz wie Beige gleichermaßen betont. Mischen Sie sich eine Farbe, die zwischen beiden liegt und halten Sie die jeweiligen Farbanteile schriftlich fest.

MARMOR-TISCHPLATTE

Dieses Mosaik wurde als Tischplatte für den Tisch im Garten eines wunderschönen Queen-Anne-Hauses angefertigt. Die Gartenmauern und die Terrasse, auf welcher der Tisch steht, sind in Grau- und Weißtönen gehalten, die Hauswände von zartroter Farbe. Die gedämpften Farbtöne des Marmors und die recht traditionelle Verarbeitung passen zum förmlichen Charakter von Haus und Garten. Das Mosaik zeigt, wie nachhaltig ein einfacher Farbkontrast sein kann und wie er ein Gefühl von Tiefe und Vielschichtigkeit zu vermitteln vermag.

Es ist erwähnenswert, dass das Stück unser zweiter Arbeitsversuch ist. Ursprünglich liefen die Verlegelinien in den Sonnenarmen parallel zur Ausstrahlungsrichtung, während der Hintergrund genau wie hier als eine Abfolge von Kreisen gelegt war. Dies war eine Art von Verlegekontrast, die nicht funktionierte. Das Verlegen von Linien aus klein zugeschnittenen Teilchen überall dort, wo Farbabstufungen aufeinander treffen, ließ das Mosaik uneben und zusammengestückelt aussehen, und die Farbstreifen wirkten wie willkürlich und aufs Geratewohl gesetzt. Zum Glück war die Ausführung noch nicht allzu weit gediehen, als offensichtlich wurde, dass es so nicht funktionieren würde. Wir haben einen neuen Entwurf in einer Abfolge von Kreislinien konzipiert, was viel klarer wirkte. Unser Fazit für Sie lautet daher wie folgt: Hüten Sie sich davor zu glauben, dass Kontrast um seiner selbst willen in jedem Fall eine Tugend sein muss.

Ratschläge für die Gestaltung

Diese Tischplatte ist aus geschliffenem Marmor mit seinen von Natur aus gedämpften Farben gefertigt. Bei Regen werden die Mosaikfarben jedoch intensiver und es ändert sich der Charakter des ganzen Stückes. Marmor ist schwieriger als Glas zu schneiden, und es bedarf eines hohen Maßes an Fertigkeiten, um sich an dieses Vorhaben zu wagen. Angewendet wird die indirekte Methode (s. Seite 114).

- Falls Sie eine Mosaik-Gartentischplatte herstellen wollen, machen Sie sich Gedanken über den Mosaikträger und die Unterlage. Das geeignetste Trägermaterial besteht aus Sand und Zement mit einer Einfasssung aus Edelstahl. Das hält den Elementen stand, ist aber schwer und benötigt eine starke Tischbasis. Als Mosaikunterlage ist Holz eine vernünftige Wahl, es muss aber eine MDF-Platte mit einem Hartholzrahmen für die Tischplatte sein, da Weichholz im Freien bald verrotten würde.

- Das Muster treibt ein Spiel mit unterschiedlichen Kontrasten. Einer besteht in der Gegenüberstellung von einheitlichen Farbflächen aus dunklem und hellem Marmor – ein einfacher grafischer Kunstgriff, der in Schwarzweiß immer gut funktioniert.

- Von anderer Art ist der Kontrast zwischen Mitteltönen sowie dunkleren und helleren Flächen. Dieser lässt einen Eindruck von Tiefe entstehen; die Assoziationen wie von einem Ausschnitt der Milchstraße, welche der graue Marmor auslöst, sind dem Sonne-und-Mond-Thema des Mosaiks angemessen.

- Zur Tischkante hin werden die Flächen aus schwarzem Marmor durch weiße Tupfen aufgebrochen. Dieser schlichte Kontrast aus Flächengröße und Muster soll Sie an den mit Sternen übersäten Nachthimmel erinnern.

GALERIE

Club-Eingang

Hier herrscht offensichtlich ein Kontrast von Schwarz und Weiß, aber es liegt auch ein Kontrast vor in der Art, wie die Fliesen ganz verschiedenartig zugeschnitten sind. Die schwarzen und weißen Muster des Krokodils überlappen dabei scheinbar die schwarzen und weißen Muster des Hintergrundes. Der erste Blick auf den Dekor ist verwirrend. Nur durch den Kontrast der Muster ist es überhaupt möglich, das Krokodil als Form zu sehen. Leichter wäre es zu erkennen, hätte man seine Umrisslinie hervorgehoben, doch macht die Vielschichtigkeit des Bildes für sich allein schon einen Teil des Reizes dieses Mosaiks aus.

Diamant-Figuren

In diesem schlichten Mosaik wurde mit Form- und Tonkontrasten gearbeitet. Eine Reihe von Diamant-Figuren ist in Dreiecke unterteilt, erst entlang einer Achse, sodann entlang der anderen. Wie die Marmor-Gartentischplatte (s. Seite 44) zeigt auch das Stück, wie grauer Marmor den Eindruck von Durchsichtigkeit zu vermitteln vermag, wenn er zusammen mit Schwarz und Weiß verwendet wird. Indem man dieselben Farben auf dem Stück in unterschiedlichen Kombinationen anordnet, lässt sich die intensivierende Wirkung, die Schwarz und Weiß auf Farbe ausüben, gut beobachten. Wie anders mutet der beige Marmor neben Grau an, wenn er Schwarz gegenübersteht! Experimentieren Sie selbst mit einfachen Farb- und Tonübungen wie diesen hier. Sie werden überrascht sein, wie viel Sie daraus lernen können.

Tischplatten mit Falter- und Band-Dekor

Bei der Marmor-Gartentischplatte oben hat man sich den Sprenkeleffekt des Materials der klein geschnittenen Steinchen zu Nutze gemacht, um die Tarnfarbe und Aderstruktur der Falterflügel wiederzugeben. Die Platte ist grau verfugt, was im Farbton dem Braun der Falter ähnelt. Es bricht den schwarzen Hintergrund auf und lässt die Tiere wie in einem Netz gefangen aussehen. Der wichtigste hier verwendete Kontrast ist jener des für die Insektendarstellung eingesetzten gemusterten Marmors und des einheitlichen Schwarz im Hintergrund. Der Kontrast zwischen den größeren auf dem Hintergrund verarbeiteten Würfeln und den kleineren Teilchen der Flügel betont deren Zerbrechlichkeit. Der einfachen Tischplatte mit Band-Dekor liegt das von einer einzelnen kreisenden Linie gebildete Muster zu Grunde. Der graue Mörtel gibt dem Beige, Grau und Schwarz gleiches Gewicht.

4 VERLEGEN

Die Weise, in der Mosaik verlegt wird, und die Linien, denen es folgt, werden *andamenti* genannt. Diese Verlegereihen stellen ein einzigartiges Charakteristikum des Mosaiks dar und bilden sowohl im Entwurf wie in der Ausführung eines Stückes ein wichtiges Element. Die Linien des Fugenmörtels geben Muster und Rhythmus vor: Gerade Linien sorgen für einen gegliederten formalen Effekt, gekrümmte hingegen deuten auf Bewegung und Belebung. Dieses Kapitel erkundet eine ganze Reihe von Verlegemethoden, derer man sich zur Erzielung unterschiedlicher Effekte einzeln oder in Kombination bedienen kann. Im links abgebildeten Fußbodenmosaik ist der zentrale Dekor in traditioneller Fächerform verlegt, bei der die Mörtellinien allein schon ein charakteristisches Muster bilden.

RATSCHLÄGE FÜR DAS VERLEGEN

Dieses Kapitel konzentriert sich auf die Methoden, Mosaiksteinchen zu legen, die entweder schon quadratisch oder aus quadratischen Formen zugeschnitten sind. Viele andere Formen lassen sich gleichfalls verwenden (s. Kapitel 3), jedoch sind Industriemosaik und viele andere traditionelle Materialien gewöhnlich quadratisch. Wenn Ihnen die Verlegetechnik am Herzen liegt, sollten Sie Mosaikarbeiten ohne Fugen (also z. B. mit Smalten) gar nicht erst ins Auge fassen. Mörtel, dessen Farbe der der Fliesen eng verwandt ist, »überspielt« die Fugen, wohingegen die Verwendung einer Farbmischung zu einem Flimmern führt, das stärker als die Mörtellinien wirkt. Ein Beispiel hierfür sind die willkürlichen Farbmischungen, die man oft in Swimmingpools findet, wo die Farbvariation ein kräftigeres Muster ausbildet als die schlicht intendierte Gitterform der Fugen.

Für die Entscheidung darüber, welcher Verlegeart man den Vorzug geben soll, spielen verschiedene Gegebenheiten eine Rolle. Für den Anfang tut man aber gut daran, eine Art der Linie zu denken, die am wenigsten Schneidearbeit erfordert. Hier wird nicht der Bequemlichkeit das Wort geredet, vielmehr sieht die einfachste Lösung oft am Natürlichsten und Elegantesten aus. Es mag jedoch Erwägungen anderer Art geben. Die Ausrichtung einer Linie kann dazu dienen, eine Fläche von einer anderen abzuheben oder zwischen Flächen von unterschiedlicher Farbe eine Beziehung herzustellen. In manchen Arbeiten kann eine Linie zur Darstellung einer Bewegungsrichtung geeignet sein, etwa der von Vögeln im Flug oder schwimmenden Fischen.

Unterschiedliche Bewegungslinien lassen sich in einem Design gemeinsam umsetzen. Dies kann man im zu Beginn dieses Kapitels abgebildeten Bodenmosaik sehen (s. Seite 48), wo die Meerestiere gemäß ihrer Eigenbewegung quer zum fächerartig ausgelegten und die Wellenbewegung darstellenden Hintergrund angeordnet sind.

1

2

3

4

5

6

7

8

9

10

Reststücke

Die Verarbeitung winziger Mosaiksteinchen in einer Arbeit (Beispiel 1) sollte aus zwei Gründen vermieden werden: Erstens sind sie schwer zu fixieren und zweitens können sie wegen der relativ großen Menge an Mörtel um sie herum störend auffallen.

Zwei Techniken stehen Ihnen zur Vermeidung von Reststücken zur Verfügung. Entweder fügen Sie ein halbes Steinchen vor dem angeschnittenen Stück ein (Beispiel 2) oder Sie schneiden, falls Sie mit größeren Fliesen arbeiten, ein besonders langes Stück zu (Beispiel 3).

Stöße

Versuchen Sie generell zu verhindern, dass Sie eine Linie haben, an der jeweils zwei angeschnittene Flächen aufeinander treffen, da das Fugenbild ungleichmäßig, ja hässlich werden kann (Beispiel 4). Vermeiden lässt sich dies, indem man die Richtung des *andamenti* in der angrenzenden Fläche ändert, so dass die Steinchen auf einer Seite ganz bleiben (Beispiel 5).

Winkel

Wenn Sie Teilchen entlang einer Winkellinie einpassen, achten Sie darauf, erstere nicht ungleichmäßig zuzuschneiden. Stufen in einer Linie, die Flächen abtrennt, werden vom Auge sofort erfasst (Beispiel 6). Es ist deshalb wichtig, eine solche Linie stetig und gerade auszuführen (Beispiel 7).

Fugenweite

Fugen zwischen Fliesen können von nahezu beliebiger Weite sein, sofern diese innerhalb des Stückes gleich bleibt (Beispiele 8 und 9). Unterschiedliche Weiten innerhalb einer Musterfläche wirken wahllos und unordentlich (Beispiel 10).

Bei kleinen Arbeiten bis 45 cm im Quadrat kann man die Steinchen ganz ohne Fugen verlegen. Bei größeren sind Mörtelfugen notwendig, um Bewegungsunterschiede zwischen der Mosaikunterlage und dem eigentlichen Mosaik aufzufangen. Bei sehr großen Mosaiken sollten in Abständen von drei Metern Bewegungsfugen vorgesehen werden. Es sind dies weite, senkrechte, mit einem Mastix-Dichtungsmittel gefüllte Fugen.

FUGENBILDER UND FUGENAUSRICHTUNG

1

2

3

4

Gleichmäßig in beiden Richtungen
Für den Hintergrund des Dekors können Sie fabrikfertig auf Maschengitter geklebte Mosaikreihen verwenden. An der Umrisslinie der eingefügten Figur können aber durch nötige kleine Teilchen schwierige Schnitte notwendig werden (Beispiel 1).

Versetzt
Bei dieser Methode müssen die Fugen nicht senkrecht in einer Linie stehen (Beispiel 2).

Fächerartig
Dieses Muster wird mit Hilfe eines Zirkels aufgebaut. Zeichnen Sie Leitlinien ein, damit Sie nicht oben beginnen und unten in der Nähe des »Schlusssteines« im Nirgendwo landen (Beispiel 3).

Bogenförmig (»Opus vermiculatum«)
In diesem Typus folgen »Fugenbögen« der Umrisslinie des Hauptdekors (Beispiel 4).

Umrissen
Durch Umreißen einer Form in der Hintergrundfarbe erhält man eine saubere Fuge rund um das Objekt. Diese Technik wird häufig bei Beschriftungen angewendet (Beispiel 5).

Kreisförmig
Wenn Sie ein Kreismosaik gestalten, zeichnen Sie mit Hilfe eines Zirkels Leitlinien ein. Falls in Ihrer Darstellung der Mittelpunkt sichtbar werden soll, so müssen Sie einige schräge Zuschnitte vornehmen, sobald Sie sich diesem nähern (siehe auch Beispiel 6).

Streifig
Eine Möglichkeit, den Farbwechsel im Hintergrund zu gestalten, besteht darin, diesen in sich abwechselnden, gleichsam wie Farb»finger« ineinander greifenden Reihen zu staffeln (Beispiel 7).

Wellenförmig
Durch Anschrägen, Weiten und Verengen von Fugenlinien lässt sich ein wellenförmiges Muster in den Hintergrund einbringen; ebenso können Linien von unterschiedlicher Farbe eingeführt werden (Beispiel 8).

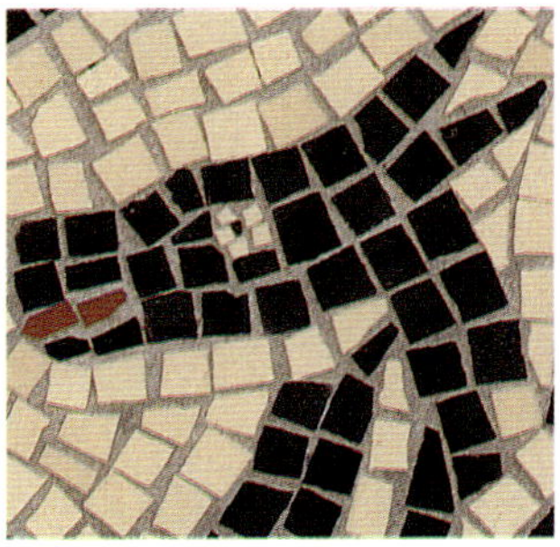

5

6

7

8

TIERMOSAIKEN

Diese Folge von Darstellungen (s. Seite 54/55) erkundet verschiedene Weisen, quadratische Glassteinchen (Industrieware oder von Hand geschnitten) zu verlegen. In einem jeden Fall bestand die Absicht darin, mit der Beziehung zwischen Vorder- und Hintergrund zu experimentieren und die zwischen ihnen bestehende Harmonie aufzuzeigen, ohne den Hauptdekor dabei gänzlich verschwinden zu lassen. Es entsteht der Gesamteindruck einer ebenen, gleichmäßig gemusterten Oberfläche, in deren Mitte in unterschiedlichen Graden von Deutlichkeit ein eher selten anzutreffendes Tier sitzt.

Ratschläge für die Gestaltung

Sie können diese Mosaiken entweder in Form einer vollständigen Serie oder als Einzelstücke anfertigen. Die Farbverwendung ist recht kompliziert und verlangt einige Vorkenntnisse in der Arbeit mit Mosaik. Die Stücke können als gerahmte Paneele an die Wand gehängt oder in ein größeres Wandmosaik eingefügt werden. Ein einzelnes Tier etwa könnte als Mittelstück eines Spritzschutzes über einem Waschbecken Verwendung finden oder die ganze Serie ein Badezimmer rundum ausschmücken.

• Für diese Vorhaben eignen sich sowohl die direkte wie die indirekte Methode (s. Seiten 112 und 114). Wenn Sie einen eigenen Entwurf machen und mit Farbe und Muster experimentieren, empfiehlt sich die indirekte Methode, weil mit ihr Änderungen im Fortgang der Arbeit leichter möglich sind. Auch wenn Sie beabsichtigen, das Mosaik an einer senkrechten Fläche zu befestigen, ist es bequemer, es mit Hilfe der indirekten Methode auf einer waagerechten Fläche anzufertigen. Falls Sie bei der Arbeit einem bereits ausgearbeiteten Modell folgen, ist die direkte Methode ebenso geeignet.

• Der erste Schritt besteht darin, den Entwurf je nach der von Ihnen gewählten Methode auf Papier oder Karton zu zeichnen und zwar lediglich dessen Hauptlinien (s. Schablonen, Seite 136), da die Neben-Legelinien sich von selbst ergeben. Wenn man das Vorhaben als Zeichnung in voller Größe vor sich sieht, ist es leichter, die benötigten Mengen an unterschiedlichen Farben abzuschätzen.

• Die Größe der Tiermosaiken beträgt etwa 46 x 45 cm. Bei einer Einfügung in andere Mosaiken können Sie die Abmessungen nach Bedarf geringfügig ändern; eine wesentliche Änderung der Gesamtgröße hat jedoch zur Folge, dass Sie sich nicht mehr an die Verlegeart der Abbildungen auf den nächsten Seiten halten können.

• Bevor Sie mit dem Auslegen beginnen, nehmen Sie sich etwas Zeit und überlegen Sie, welche Farben Sie auf all den verschiedenen Flächen verwenden wollen. So ersparen Sie sich späteres Nachbessern. Schneiden Sie sich eine kleine Menge Steinchen zurecht.

• Beginnen Sie mit dem gewählten Tiermotiv und füllen dann den Hintergrund aus. Bei Tieren oder Personen fängt man am besten mit dem Gesicht oder Kopf an; so gewinnt das Stück sofort Charakter.

Ameisenbär

Auf den ersten Blick scheint sich der Ameisenbär für die Mosaikarbeit nicht sonderlich zu eignen, da sein eng anliegendes Stachelkleid weder erkennbare Muster noch Textur aufweist. In der Seitenansicht formen die Rückenlinie, der Nacken und Kopf eine anmutige Rundung, welche die Form für die welligen Hügel vorgegeben hat.

In diese farbigen Bänder wurden Tupfen in abgestuften Tönen als zarte Andeutung der sich wölbenden Form gesetzt. Die gleichmäßige Verteilung dieser Tupfen hält das Stück optisch zusammen: sowohl der Ameisenbär wie der Hintergrund schwingen im gleichen Rhythmus. Dabei ist es wichtig, dass die Abstände zwischen den Tupfen gleich sind. Wäre dies irgendwo nicht der Fall, würde das Auge sofort dorthin gezogen und es ergäbe sich eine Unausgewogenheit innerhalb des Stückes.

Den sanft gebogenen Linien kann man leicht mit quadratischen Steinchen folgen. Es ist relativ wenig Schneidearbeit erforderlich; die Wirkungen ergeben sich im Großen und Ganzen aus Farbwechseln und Verlegelinien.

Stachelschwein

Obwohl es aus einer Abfolge von geraden Linien besteht, stellt das Stachelschwein doch die am schwersten auszuführende Mosaikarbeit dar. Das Tier gewinnt seine Gestalt aus dem Winkel, in dem die Stacheln vom Körper abstehen. Da diese sich aber kreuz und quer ausbreiten, ist eine Menge Schneidearbeit erforderlich. Die leuchtend weißen Steinchen wurden eingesetzt, um den Blick anzuziehen und der Masse der Stacheln zu einer einheitlichen Bildwirkung zu verhelfen. Diese Highlights finden ihre Resonanz im Hintergrund durch den Einsatz hellerer Farben in den Gräsern, die dazu dienen, das Tier von seiner Umgebung abzuheben.

Gürteltier

Mit seinem in Abschnitte unterteilten Panzer ist das Gürteltier ein ideales Mosaikobjekt, da es sich von Natur aus als ein Muster aus Linien und Tupfen mitteilt. Diese Konzeption wurde auch für die halbrunden Hügel in der Landschaft angewandt, die gleichermaßen auf das traditionelle Fächermuster Bezug nehmen.

Das Gürteltier hebt sich vom Hintergrund ab: Erstens ist der Panzer in einer anderen Richtung verlegt als die Hügel dahinter. Zweitens wurde für das Gürteltier eine andere Farbkombination verwendet, obgleich die einzelnen Farben auch im übrigen Stück vorkommen. Drittens erhält das Tier Plastizität durch eine Abstufung von hellen und dunklen Tönen: an den Rändern ist es dunkler als in der Mitte. Die Hügel werden nach unten hin dunkler, womit deutlich gemacht werden soll, dass sie alle hintereinander liegen.

Schuppentier

Das Pangolin oder Schuppentier ist ein markant gezeichnetes Säugetier, das in tropischen Wäldern lebt. Die Schuppenform im Bild ähnelt der der Blätter, und das Design bezieht beide Elemente in angemessener Weise aufeinander. Die engen Krümmungen verlangen notwendigerweise viel Schneidearbeit, damit sie sauber und elegant wirken. Damit beim Auslegen der gerundeten Form der Schneidebedarf möglichst gering bleibt, muss die innere Reihe in einer Spitze enden, die äußere hingegen muss mit der benötigten Anzahl an schräg geschnittenen Steinchen um die Biegung gelegt werden.

NASHORN

Dieses Mosaik ist aus unglasierten Viertel-Keramikfliesen gefertigt. Falten und Runzeln in der Tierhaut sowie die Umrisslinie der Tiergestalt werden durch eine Abfolge von bogenförmigen Fugenlinien wiedergegeben. Die Palette beschränkt sich auf nur wenige Farben, die nach Tönen angeordnet sind: Die dunkelste Farbe zeichnet die Unterseite und das Hinterteil nach, die blasseste findet sich an Kopf, Horn, Ohren und in den hellen Körperfalten. Statt Abstufungen im Ton derselben Farbe weist das Stück wohl ausgewogene Variationen in Braun, Grau und blassblauen Tönen auf, die schon alleine interessant sind wie auch einen Eindruck von der ledrigen Beschaffenheit der Nashornhaut vermitteln.

In deutlichem Gegensatz zu den vorangehenden Arbeiten steht das Nashorn vor einem vollkommen einheitlichen Hintergrund in gebrochenem Beige. Von einem solchen Effekt wurde oft in römischen Bodenmosaiken Gebrauch gemacht, wo dekorative Elemente von großen Flächen aus einfarbigem Marmor umgeben sind.

Ratschläge für die Gestaltung

Dieses Stück aus unglasierten Keramikfliesen eignet sich für einen Fußboden, oder, da das Material strapazierfähig und frostbeständig ist, für einen Gartenweg oder eine Terrasse. Für dieses Vorhaben müssen viele Viertelfliesen zugeschnitten werden, jedoch ist die Ausarbeitung einfach und damit ideal für Anfänger.

• Bodenmosaiken müssen so eben wie möglich sein, zum einen, um Beschädigungen zu vermeiden, zum anderen, um leicht sauber gehalten werden zu können. Aus diesem Grund raten wir zur indirekten Methode (s. Seite 114).

• Dieses Stück misst 60 x 60 cm. Falls Sie es in dickere Fliesen einsetzen wollen, können Sie es auf einer MDF-Platte befestigen, um die Höhe anzugleichen. Für die Verwendung im Freien sollte die Unterlage aus anorganischem Material und unempfindlich gegen Feuchtigkeit sein. Für eine kleinere Abmessung können Sie den Hintergrund deutlich reduzieren.

• Zeichnen Sie zunächst das Nashorn auf ein Stück Papier und legen Sie dabei Leitlinien für die verschiedenen Farben fest (s. Schablone, Seite 140). Die Fliesen werden beim Legen ihren eigenen Rhythmus und Fluss gewinnen: anstatt sich mit Spezialzuschnitten abzugeben, sollten Sie sich auf die Abstimmung der Linien konzentrieren.

• Beginnen Sie wie bei anderen Tiermosaiken mit dem Kopf. In einem relativ schlichten Stück wie diesem kommt dem Gesichtsausdruck große Bedeutung zu. Wenn die Fliesen provisorisch ausgelegt sind, lassen sich geringfügige Änderungen und Zuschnitte vornehmen, die aber für die Gesamtwirkung einen erheblichen Unterschied machen.

• Schneiden Sie, wenn Sie den Hintergrund gestalten, Viertelfliesen zurecht, jedoch nicht mit zu viel Sorgfalt, denn je ungleichmäßiger die Formen sind, desto besser ist die Wirkung. Versuchen Sie nicht, an einer im Voraus festgelegten Linie entlang zu legen. Durch die zufälligen Fliesenformen in Verbindung mit der Umrisslinie des Tieres sind Ihnen vielmehr natürliche und fließende *andamenti* vorgegeben.

• Soll das Mosaik ungerahmt bleiben, legen Sie an den Rändern gerade Fliesenreihen aus, die solcherart einen Mosaikrahmen bilden. Dadurch wird verhindert, dass kleine Fliesenteilchen am Rand schnell abfallen; größere, gerade Fliesen halten hier einfach besser.

FISCH-TISCHPLATTE

Dieser Darstellung liegt die Intention zu Grunde, Bewegung auszudrücken – durch die schwimmenden Fische, das wogende Seegras sowie den beschwingten Hintergrund. Die Anordnung der Fische erwies sich als der kritischste Punkt, sollten doch einerseits ihre individuellen Bewegungen deutlich werden und andererseits eine Art Sog zwischen ihnen zum Ausdruck kommen, als folgten sie einer unsichtbaren Strömung im Wasser. Die Schlangenlinien der Gräser deuten auf Wirbel, während die sanfteren Kurven des Netzes an die Verzerrung gerader Linien unter Wasser denken lassen.

Damit alle Einzelheiten deutlich werden, die den Fischen zu Lebendigkeit verhelfen, sind diese aus Viertelsteinchen zusammengesetzt. Sie verlaufen über den Körper in rautenförmiger Ausrichtung, die durch eine Reihe von Dreiecken längs des Rückgrats vorgegeben wird. So entsteht ein Effekt von Schuppen, deren Farbe sich von der Mittellinie des Fisches bis zum Hellgrau und Weiß des Bauches ändert. Weil es sich hier nicht um eine besondere Art von Fischen, sondern um den stilisierten Ausdruck der »Idee Fisch« als Mosaik handelt, gewinnen sie Lebendigkeit aus der schlichten und doch kraftvollen Darstellung von Drehungen und Biegungen.

Die halbierten Steinchen für die Gräser deuten eine für manche Wasserpflanzen charakteristische sich kräuselnde Oberfläche an. Wiederum sind Farben und Formen nicht ganz naturalistisch, sondern die Essenz einer in einfacher, doch evokativer Weise ausgedrückten Idee. Der Hintergrund ist relativ schlicht, verlegt in ganzen, den wogenden Linien des Netzes folgenden Mosaiksteinen. Die Linien verlaufen in Diagonalreihen: ihre Richtung ist immer annähernd gleich, aber nicht identisch – wie bei Wellen, die über Untiefen an den Strand rollen.

Ratschläge für die Gestaltung

Das Stück ist als Tischplatte entworfen; um in jedem Fall eine ebene Oberfläche zu erhalten, sollte die indirekte Methode angewendet werden (s. Seite 114). Wegen seiner Ausmaße (240 x 83,5 cm) eignet sich dieses Vorhaben eher für jene, die bereits über Mosaikerfahrung verfügen; in technischer Hinsicht jedoch ist es unkompliziert.

- Denken Sie bei der Modellzeichnung daran, dass der Fluss der Linien entscheidend für die Illusion von Bewegung ist. Bemühen Sie sich, die Zeichnung einfach, aber deutlich zu halten, indem Sie, wo immer möglich, durchgehende harmonische Linien verwenden, die nicht unbedingt mit dem Original übereinstimmen müssen.

- Beginnen Sie mit den Fischen. Ihre Verlegelinien entwickeln sich aus der Reihe von Dreiecken entlang des Rückgrats. Nachdem Sie den Reihenverlauf festgelegt haben, gestalten Sie den Kopf, indem Sie rund um das Auge Steinchen von einer einzigen Farbe legen – mit so wenig Schneidearbeit wie möglich.

- Ein Stück von dieser Größe werden Sie vor der Befestigung zerlegen müssen. Teilen Sie es mit Hilfe eines scharfen Cuttermessers möglichst entlang vorgegebener Linien, beispielsweise denen des Netzes. Dies erleichtert das Schneiden und sorgt zudem dafür, dass die Fugen zwischen den Abschnitten nach der Befestigung unsichtbar sind.

- Ein jeder Abschnitt sollte leicht umzudrehen und zu befestigen, also höchstens 50 x 50 cm groß sein. Setzen Sie das Stück mit der Ansichtsseite oben auf dem Boden wieder zusammen, nummerieren Sie dann die Abschnitte und markieren Sie einen jeden mit einem Pfeil, der die Verlegerichtung anzeigt. Fertigen Sie ein Schaubild an, von dem Sie sich leiten lassen, wenn das Stück endgültig befestigt wird.

GALERIE

»Pisces« – Fische

Dieses Mosaik wurde von einem Kunden in Auftrag gegeben, dessen Sternzeichen ein geeignetes Motiv für die Ausschmückung seines Swimmingpools lieferte. Die beiden großen Fische beschreiben eine sanfte Krümmung, wodurch ihre Körperform betont wird. Da es sich um ein Rundmosaik handelt, ergänzt der Hintergrund die Kreisform, im Anklang an die Komposition der einander umkreisenden Fische.

Berücksichtigen Sie bei der Gestaltung von Mosaiken, die durch Wasser wahrgenommen werden sollen, die Wirkung, die von der Spiegelung der Wasseroberfläche auf das Stück ausgeht. Die Wasserbewegung wird das Mosaik zusätzlich beleben; dennoch muss es kraftvoll und mit starkem Kontrast ausgeführt werden, um auch im Wasser noch deutlich erfasst werden zu können.

Beachten Sie, dass Wasser die Seitenwände eines Schwimmbades scheinbar zu einem Bruchteil ihrer tatsächlichen Größe »schrumpfen« lässt. Dies macht sie als Dekorationsflächen ungeeignet, da eine Darstellung bis zur Unkenntlichkeit verzerrt würde.

Hausschweine

Diese Schweinedarstellung unten ist der eine Teil eines Mosaikpaares, das als Ausschmückung einer früheren, jetzt bedauerlicherweise nicht mehr mit Tieren belegten Schweinefarm in Auftrag gegeben wurde. Die Schweinekörper hat man auf zwei unterschiedliche Weisen verlegt. Die Verlegelinien des dunklen Hinterteils folgen der runden Kontur des Schweinebauches, jene des blassen vorderen Teils sowie der Schnauze der ausdrucksvollen Profillinie. Interessante Partien, wie die der Ohren des unteren Schweines, sind dadurch ausgezeichnet, dass sie die Hauptlegelinie vorgeben.

Der Kunde wünschte sich, dass die Schweine vor einen dunklen Hintergrund gesetzt würden, als blicke man in das Gebäude mit den Tieren darin. Da diese selbst stellenweise dunkel sind, war es wichtig, mit einer Tonskala zu arbeiten, die es ermöglichte, die Tiere vor dem Hintergrund deutlich erfassbar zu machen, also Dunkel vor Hell und Hell vor Dunkel zu setzen. Die Hintergrundfarben werden durch »finger«artiges Ineinandergreifen verschmolzen; der Farbübergang ist dadurch gedämpft, so dass der Effekt den Vordergrund nicht dominiert.

Sonnenblumen-Tischplatte

Diese Tischplatte wurde für den Garten eines Kunden angefertigt. In der Geschichte der englischen Handwerkskunst ist die Sonnenblume ein geläufiges Motiv und wird besonders mit der Arts and Crafts-Bewegung in Verbindung gebracht. In dieser zeitgemäßen Interpretation füllt die vergrößerte Sonnenblume die gesamte Tischfläche aus. Das ganze Stück ist in der gleichen Weise verlegt, wobei aufs Geratewohl zugeschnittene Dreiecke und ungleichmäßige Hälften ineinander greifen. Eine solche Technik ist sehr leicht anzuwenden, verlangt keine besondere Fertigkeit im Zuschnitt und sorgt dennoch für eine lebendige Gesamtwirkung. Trotzdem sollten die Fugen zwischen den Fliesen mehr oder weniger gleichmäßig sein, wodurch das Stück Ordnung und Harmonie ausstrahlt.

5 OBERFLÄCHE

In diesem Kapitel wird dargelegt, welchen Einfluss die Oberflächenbeschaffenheit der Fliesen und Steinchen auf das Mosaik hat. Es werden Beispiele von matten und spiegelnden, ebenen und texturierten Oberflächen gezeigt und wie man eine jede wirkungsvoll zur Geltung bringen kann. Das Beispiel links demonstriert einige dieser Eigenschaften. Es basiert auf natürlichen, organischen Formen und ist aus gespaltenen Marmorquadern, schwach gebrannten Tonfliesen, glasierten Fliesen sowie Glassteinen gefertigt. Beim Spalten von Marmor wird die gebrochene, kristalline Oberfläche freigelegt und erhält somit Textur (im Gegensatz zum geschliffenen, polierten Marmor). Die Terrakottafliesen wurden bewusst so geschnitten, dass sie zur rauen Oberflächenstruktur des Marmors passen.

REFLEKTIERENDE MOSAIKEN

Einige Mosaikmaterialien wie Smalten, Gold- und Silbersteinchen (s. Seite 131) reflektieren intensiv. Lange hat man sie ihrer symbolischen und ästhetischen Qualitäten wegen verwendet, zumal in Kirchen und Moscheen. Heute werden Gold und Silber eher sparsam eingesetzt, da sie teuer und schwierig anzuwenden sind. Wenn Gold in rauem Umfeld verlegt wird, kann man mit einem gewissen Reflexionsvermögen rechnen, sehr flach verarbeitet aber reflektiert es das Licht nicht immer und kann recht gedämpft wirken. Auch Silber kann sich in ähnlicher Weise verhalten, nämlich grau und unscheinbar aussehen. Um das Beste aus dem Material herauszuholen, verlegen Sie die Steinchen leicht angewinkelt. Sie werden staunen, in welch unterschiedlicher Weise sie jetzt das Licht einfangen.

Die rückseitige Fläche von Gold- und Silbersteinchen ist prächtig und schön. Oft ist sie blau oder grün gefärbt; zuweilen findet man aber auch Teilchen, die mit einer ganzen Farbskala hinterlegt sind, die von Gelb oder Pink bis zu strahlendem Grün reicht. Sogenannte Pavimento-Steinchen sind häufiger im Angebot. Es handelt sich um in transparentes Glas gehüllte Silber- und Goldsteinchen, die in dem Marmor-Gartenfußboden zu Beginn des Kapitels 3 (s. Seite 36) zu sehen sind. Sie verfügen über ein gewisses Maß an Reflexionsvermögen; wichtiger jedoch ist ihr Eindruck von Tiefe. Verwenden Sie sie mit Bedacht, da sie in einer Arbeit, die ihre Qualitäten nicht extra herausstellt, sinnlos verstreut wirken können.

Silber- und Goldsteinchen sowie deren grüne und blaue Glas-Rückseiten sind hier mit schwarzem, gespaltenem Marmor kombiniert.

Diese polierten Marmorwürfel haben alle eine spiegelglatte Oberfläche. Matte und polierte Fliesen lassen sich auf wirkungsvolle Weise in Kontrast zueinander setzen.

Ein weiteres reflektierendes Material, das manchmal mit Mosaik kombiniert wird, sind Spiegelfliesen. Ihre kontrastierenden Oberflächen sind interessant, sie passend anzuwenden aber ist schwer. Sie bringen ein bewegtes Element in das statische Mosaik ein, indem sie die Außenwelt sich in ihm reflektieren lassen. Sie vermögen auch bei alleiniger Verwendung gut zu wirken; ganze Flächen aus zerbrochenen Fliesen können sehr reizvoll aussehen. Dieses Material ist von einer Einheitlichkeit, die in Kombination mit anderen Materialien verloren geht, wahrscheinlich weil man eine reflektierende Oberfläche in anderer Weise wahrnimmt als eine nicht reflektierende. Die Kombination kann, sofern sie nicht sorgfältig gegliedert ist, sehr verwirrend sein. Die unruhige Lebendigkeit der spiegelnden Oberfläche macht es schwer, Formen zu erfassen, die mit ihr kombiniert sind.

STRUKTURIERTE MOSAIKEN

Hier ist gespaltener Marmor mit hochkant genutzten Keramikfliesen kombiniert; die Ähnlichkeiten ihrer Oberflächenbeschaffenheit machen den Kontrast zusätzlich interessant.

Wie die reflektierenden sind auch die strukturierten Mosaiken nicht leicht auszuführen. Das am häufigsten verwendete Material mit Textur sind die Smalten. Sie anzuwenden ist schwierig und das aus Gründen, die mehr mit Intensität der Wirkung als mit Textur zu tun haben. Dabei sind es die Struktureigenschaften der Smalten, denen zu entnehmen ist, wie sie wirkungsvoll eingesetzt werden können. Die gekrümmte und gebrochene gläserne Oberfläche liefert, indem sie Licht einfängt und wieder abgibt, ein flimmerndes, interessantes Bild.

Die Geschichte des Mosaiks ist nicht gerade reich an Arbeiten, bei denen ein Interesse an der Textur abzulesen wäre. Wo es solche Stücke gibt, sind sie im Allgemeinen das Ergebnis eines ganz anderen Interesses, etwa eines solchen an Farbe oder Reflexionsvermögen. Für Textur hat sich erst das 20. Jahrhundert interessiert und ähnlich wie beim Interesse am Kontrast liegt die Erklärung dafür wahrscheinlich in der modernistischen Philosophie der Materialgerechtigkeit. Diese fordert, dass ein jedes Material sich als Destillat seiner eigenen Natur darstellen solle. Im Falle der Textur und beim Einsatz von Silberteilchen heißt das, dass diese nicht nur reflektieren, sondern geradezu für Reflexion stehen; Mosaiken sind sowohl sie selbst als auch Symbole ihrer selbst.

Die Idee an sich ist disziplinierend und in dieser Eigenschaft nützlich, wenn es darum geht, eine Vielfalt von Texturen anzuwenden. Schauen Sie sich das Material an, das Sie zu verarbeiten planen, und finden Sie heraus, was es Ihnen über anderes mitteilt, das Sie gemeinsam mit ihm zu verwenden beabsichtigen. Ist es in Farbe, Oberfläche oder Ton verwandt? Legt seine Gestalt vielleicht eine bestimmte Bearbeitung nahe? Denken Sie gründlich nach, bevor Sie eine Menge sich unterscheidender Elemente einbringen. Die Struktur eines Materials verfügt selbst über Eigenschaften, wie etwa Farbe. Soll die Textur im Mittelpunkt des Interesses stehen, so müssen Sie die Reihe dieser anderen Eigenschaften einschränken. Ein naiver, wenn auch weithin üblicher Zugang zum Thema Farbe besteht darin, eine solche deshalb zu wählen, weil sie sich von einer anderen unterscheidet und gerade nicht wegen einer möglichen Verwandtschaft, in der sie mit der anderen steht. Denken Sie einmal genauer darüber nach.

Die gebrochene Außenfläche der Smalten kontrastiert mit dem gespaltenen Marmor. Der Licht schluckende Marmor und die Licht reflektierenden Glasflächen bilden eine wirkungsvolle Kombination.

MOSAIK MIT MARMOR UND SMALTEN

Dieses schlichte Mosaik zeigt eine aus Smalten gelegte Pflanze vor einem Marmorhintergrund. Dieser wurde wegen seiner matten kristallinen Oberfläche gewählt, die mit der gläsern reflektierenden Anmutung der Smalten kontrastiert. Beide Materialien haben wir in der gleichen rechteckigen Form zugeschnitten, um eine visuelle Beziehung zwischen den kontrastierenden Oberflächenbehandlungen herzustellen.

Silbern bemalte Bänder, die einen Eindruck von Tiefe vermitteln, lassen in den Dekor eine weitere reflektierende Qualität einfließen. Der Schlichtheit der Darstellung lässt sich eine Reihe von Basisregeln entnehmen. Erstens bedarf es nicht der Symmetrie, damit ein solches Mosaik »funktioniert«. Sodann braucht ein Motiv, das im Brennpunkt des Interesses stehen soll, nicht zentral angeordnet zu sein. Schließlich lassen sich größere Flächen von dunkler Farbe oben an den Rand setzen, ohne dass der untere Teil überschattet wirkt. Damit deutlich wird, was dargestellt ist, brauchen Sie sich weder allzu sehr um Realismus zu sorgen, noch unbedingt naturalistische Farben verwenden.

Ratschläge für die Gestaltung

Dieses Mosaik ist recht einfach und kann von einem Anfänger unter Zuhilfenahme der direkten Methode in Angriff genommen werden (s. Seite 112).

- Beginnen Sie mit besonderen Merkmalen, in diesem Fall mit der Pflanze und den Beeren. Achten Sie auf Farbausgewogenheit in Ihrem Mosaik. In dieser Darstellung tauchen am oberen Rand größere Flächen von dunkler Farbe auf als unten. Das »funktioniert« hier, weil andere Gestaltungselemente miteinander im Gleichgewicht sind. Der Umstand, dass alle Stiele ungefähr in der Mitte des unteren Bildteils zusammentreffen, lässt das Auge zu diesem Punkt wandern, der dadurch hervorgehoben wird. So kann ein Brennpunkt ein Gegengewicht zur Farbe, ein Muster ein Gegengewicht zur Farbintensität bilden.

- Fühlen Sie sich nicht verpflichtet, Ihr Mosaik symmetrisch zu gestalten. Sie können ein Objekt in die Mitte einer Darstellung setzen; interessanter wird es aber wahrscheinlich, wenn Sie es nicht tun. Wenn Ihre Arbeit Ausgewogenheit auf komplexere Weise als durch Symmetrie gewinnen kann, wirkt das auf den Betrachter interessanter. Von Symmetrie und mittiger Anordnung wird aus guten Gründen Gebrauch gemacht: sie liefern Patentlösungen für die harmonische Gestaltung eines Mosaiks, und in einer gelungenen Arbeit sollten doch gewiss Ordnung und Harmonie zum Ausdruck kommen. Die Entdeckung aber, wie dies gelingen kann, ohne Zuflucht zu einer Formel zu nehmen, führt letztlich zu einem sehr viel befriedigenderen Ergebnis.

SPIEGELEINFASSUNG AUS UNVERFUGTEM GLASMOSAIK

Diese Spiegeleinfassung ist aus in Viertel geschnittenen Glassteinchen gefertigt. Das Schimmern und Leuchten ihrer Oberfläche speist sich aus zwei Quellen. Die Fischkörper sind im Farbton abgestuft, was ihre Schuppen lebendig zur Geltung bringt; zum einen liegt der Effekt in der tonalen Variation der eingesetzten Farben, zum andern in dem Umstand, dass das Mosaik unverfugt belassen wurde. Fugenmörtel hat eine sehr vereinheitlichende Wirkung auf Mosaik. Lässt man ein Mosaik unverfugt, so können die Farben in direkter Beziehung zueinander Wirkung entfalten. Die Fähigkeit des Fugenmörtels, alle Farben »zusammenzuziehen«, kann erwünscht sein; wenn aber in einem Mosaik eine ganze Reihe von Farben und Tönen zur Anwendung kommt, vermag dies Farbbeziehungen auch zu dämpfen oder zu brechen. Das Arbeiten eines Mosaiks ohne anschließendes Verfugen lässt Sie mit frischem Blick auf die Farbpalette blicken. Sie können einen starken Farbkontrast wagen, ohne sich Gedanken darüber zu machen, ob dieser nach dem Verfugen die Ausgewogenheit des Stückes beeinträchtigt.

Bei dieser Spiegeleinfassung wurden die Steinchen in herkömmlicher Weise verwendet, nämlich mit ihrer strukturierten Seite auf den Träger geklebt. Möglich und technisch einfacher ist es jedoch, die ebene Seite auf die Spanplatte zu kleben und die texturierte Seite in den Dienst des Mosaiks zu stellen. Diese Oberfläche spiegelt das Licht in anderer Weise wider. Bei einigen Mosaiksteinchen hat die Farbe auf der Vorder- und Rückseite unterschiedliche Eigenschaften. Versuchen Sie mit diesen zu experimentieren: Sie werden so den Spielraum Ihrer schöpferischen Möglichkeiten gewiss erweitern.

Ratschläge für die Gestaltung

Hier sind genau geschnittene Steinchen gefragt, und das erfordert einen hohen Grad an Fertigkeit und Erfahrung. Angewendet werden sollte die direkte Methode (s. Seite 112).

- Damit die Fischkörper ihr schimmerndes Aussehen gewinnen, müssen die Teilchen eng aneinander gefügt werden. Das heißt, dass Sie ganz genau schneiden müssen, damit die Linearität der Schuppen gewahrt bleibt.

- Unverfugtes Mosaik wird am besten direkt auf den Träger geklebt. Es muss dafür Sorge getragen werden, dass dort, wo die Fliesen eng aneinander gelegt werden, kein Klebstoff zwischen den Fugen hervorquillt und die Oberfläche verunreinigt. Auf Fugenmörtel zu verzichten bedeutet, dass Sie auf kein anderes Element bauen können, das geeignet wäre, Farbflächen zusammenzuziehen. Überprüfen Sie ständig, ob die Bildaussage hinreichend klar ist und ändern Sie Ihre Steinchenauswahl, wenn sie an Deutlichkeit zu verlieren scheint.

- Beim direkten Kleben auf die Spanplatte ist es – im Gegensatz zur Arbeit von der Rückseite her – möglich, einzelne Teilchen leicht angewinkelt zu legen. Machen Sie kreativen Gebrauch von den Licht reflektierenden Eigenschaften dieser Fliesen als einem Bestandteil Ihres Mosaiks.

MOSAIK MIT GOLD- UND SILBERSTEINCHEN

Fünf verschiedene Oberflächenqualitäten sind in diesem Mosaik vereint: reflektierende Gold- und Silbersteinchen, deren Rückseiten den Eindruck von Tiefe vermitteln sollen, mattes und glänzendes Fensterglas sowie »Gemmen« (ein von Metallstreifen durchzogenes Glas). In einer solchen Kombination für Ausgewogenheit zu sorgen ist ein heikles Unterfangen. Die Darstellung ist so gegliedert, dass sich Flächen von glühender Farbe oder intensiv spiegelnde Flächen herausbilden. Die Idee zu dieser Gestaltung gab ein besticktes Kissen. Textilien sind für den Mosaizisten überhaupt eine reiche Quelle der Inspiration. Viele Teppiche teilen die Umrandungsmuster mit Mosaiken, was eigentlich nicht überrascht, da beide Disziplinen auf einer Einheit – einem Stich oder einer Fliese – sowie auf einem Raster oder Wiederholungsmuster aufbauen. Sowohl Teppiche wie Mosaiken werden auf dem Boden verlegt, wo sie auf praktische wie dekorative Weise Flächen aufteilen und Hinweise auf die Funktion und Bedeutung des von ihnen belegten Raumes liefern.

Nehmen Sie sich die Zeit und schauen Sie sich Textilien an, die eine reiche Quelle an dekorativen Formen darstellen. Auch indische Textilien sind sehr anregend, sowohl hinsichtlich des Farbgebrauchs wie der Verwendung spiegelnder Oberflächen.

Ratschläge für die Gestaltung

In diesem Mosaik kommen Glas, Gemmen sowie Gold- und Silbersteinchen zur Anwendung. Letztere sind teuer, der Entwurf erlaubt aber einen ganz zwanglosen Umgang mit dem Material. Genauigkeit beim Schneiden der Gold- und Silbersteinchen ist nicht erforderlich.

• Dieses Vorhaben ist weniger gelungen als es sein könnte, weil wir uns der indirekten Methode (s. Seite 114) bedient haben. Sie sollten aus diesem Fehler Lehren ziehen. Dieses Stück enthält eine Menge Gemmen, die zwei unterschiedliche Seiten haben. Braun und Violett unterscheiden sich nicht nur hinsichtlich des Metallgehaltes, sondern variieren auch im Farbton von einer Seite zur anderen. Auch die Gold- und Silberteilchen (aus deren Rückseiten sich die blauen und grünen dekorativen Kreise zusammensetzen) werden umgedreht verwendet. Beim Arbeiten mit der indirekten Methode ist es nicht möglich, die entstehenden Effekte bei der Arbeit zu sehen; die direkte Methode (s. Seite 112) hätte mehr Kontrolle zugelassen.

• Entscheidend in dieser Arbeit aber sind das Rot und das Rotorange. Damit die Farben zu leuchten beginnen, müssen die Teile so zugeschnitten und verlegt werden, dass durch sie Intensität in die Darstellung eingebracht wird. Arbeiten Sie, bevor Sie sie aufkleben, eine Abstufung der Farbtöne aus.

• Weil die Vorder- und Rückseite der Einzelteile unterschiedlich sind, ist die Gestaltung chaotischer ausgefallen als beabsichtigt war. Hätte man die Flächen aus gemustertem Glas weniger wahllos verteilt, würde das Stück ruhiger wirken. Die Materialien wurden weitgehend wegen ihrer Oberflächenbeschaffenheit verwendet. In der Regel wirkt ein Design besser, wenn in die Anordnung der Materialien ein höheres Maß von Gliederung einfließt als wenn sie wahllos gemischt werden.

GALERIE

»Straße nach Damaskus«
Eine Reihe von Fundstücken (zerbrochene Fliesen, Teile eines Fahrradreflektors, Flaschenglas sowie weitere kleine Trouvaillen), aufgelesen während eines Marsches auf einer Straße nach Damaskus, wurde wegen ihrer interessanten Textur, Gestalt oder Oberfläche gesammelt und später zu einem Mosaik verarbeitet. Im wellig geformten Rahmen klingen die zufälligen Formen der Fliesen an. Die Holzmaserung des Rahmens hat etwas mit der fleckigen Oberfläche der Fliesen auf der linken Seite gemein. Die Gegenstände sind so angeordnet, dass die mitteltönigen zu einem farblich durch den Mörtel vereinten Hintergrund verschmelzen und die kräftiger gefärbten Objekte das zentrale Rückgrat der Darstellung bilden.

Spiegeleinfassung
Diese Spiegeleinfassung enthält Schiefer, Glasmosaik, Silber- sowie zerbrochene Glasteilchen. Der graue Schiefer glänzt leicht violett; kleine Stückchen von grau-grüner Flechte wuchsen auf ihm, als wir ihn fanden. All diese Farben werden von den Glasteilchen aufgenommen, die den Schiefer umgeben und in der Kombination mit glänzendem und reflektierendem Material so etwas wie Felsspalten andeuten sollen. Auch wenn es keine Kontinuität der Form unter den verwendeten Stücken gibt, so gibt es doch eine Kontinuität der relativen Flachheit. Das Mosaik ist strukturiert, wichtiger aber sind die Oberflächen. Es herrscht insgesamt ein Gleichgewicht zwischen Tiefe und Reflexion. Die Durchsichtigkeit des Glases vermittelt einen Eindruck von Tiefe, indem es Licht bis auf eine niederere Ebene durchlässt als das übrige Mosaik, wo das Silber das Licht zurückwirft. Die Farbpalette ist begrenzt; die der Arbeit zu Grunde liegende Idee ist der schlichte Gegensatz von Matt und Glänzend. Die Verwendung von reflektierendem Material um einen Spiegel herum »funktioniert« gut, da es den Spiegel selbst mit der Einfassung in Beziehung setzt.

Kegel

Zwei Dinge sind in diesem Mosaik von besonderem Interesse: Oberfläche und Gleichgewicht. Die texturierte Oberfläche verhält sich über die ganze Darstellung gleichförmig. Die gespaltene Fläche der zugeschnittenen Marmorwürfel dient als Gegenpart zu den Smalten. Die Darstellung ist zweigeteilt. Eine Hälfte rechts zeigt ein Kegelpaar von intensiver Farbe, während sich zwei übereinander liegende Kegelpaare die andere Hälfte teilen. Diese Figuren könnten leicht klobig, schwer und erdrückend wirken. Tatsächlich ist das Mosaik eine Übung darin, wie diese beiden Seiten ins Gleichgewicht zu bringen sind. Die komplexen Figuren auf der einen Seite werden durch die Leuchtkraft der Farben auf der anderen im Gleichgewicht gehalten. Der intensive Glanz der roten und orangen Smalten erhält ein Gegengewicht durch den Licht schluckenden schwarzen Marmor; die von lebhaften Linien durchzogene Spitze des orangen Kegels kontrastiert mit dem Muster aus weißem und grauem Marmor, das streifenförmig mitten über die komplexere Figur läuft.

Machen Sie sich selbst an solche Übungen. Die Probleme, mit denen Sie es zu tun haben, sind weit gespannt und vielfältig; beschränken Sie sich deshalb für den Anfang auf eher wenige Materialien und Farben.

6 MUSTER

Das Muster ist ein wesentlicher Bestandteil eines jeden Mosaiks. Jedes auf solche Weise zu Stande kommende Bild baut sich aus einer Reihe von Bruchstücken auf, aus denen ein Muster als Ergebnis eines kreativen Prozesses zwangsläufig entsteht. Die Musterung ist ein so vielseitiges wie aufregendes Element des Mosaiks. Dieses Kapitel erkundet eine Vielzahl von Arten, sich ihrer zu bedienen. In dem links gezeigten Stück geht es nur um Muster und Farbe; es verweist auf den Typus von stilisierten Darstellungen und Farbvariationen, die sich auf Geweben finden. Obgleich nicht symmetrisch, entsteht ein Muster doch aus der Wiederholung von Formen, Farben und Figuren. Der Art, wie das Muster hier verlegt ist, liegt kein Schema zu Grunde, es wurde aber Sorge dafür getragen, dass zwischen Formen, Tönen und Farben überall ein Gleichgewicht herrscht.

GESTALTEN MIT MUSTERN

Jedes Mosaik baut sich aus einer Reihe von sich wiederholenden Formen auf, die ein Muster bilden. Durch Strukturieren der Art, in der sie sich wiederholen, lassen sich weitere Muster gewinnen. Diese brauchen nicht symmetrisch oder vollkommen regelmäßig zu sein, da ein Muster einfach aus der Wiederholung eines beliebigen Elementes, etwa einer Farbkombination, entstehen kann. Das Muster lässt sich zum Hauptthema eines Mosaiks machen, wie es in diesem Kapitel zumeist geschieht. Es kann aber auch ein Nebenthema zu einem Hauptthema sein – die Art, wie ein Hintergrund oder eine Einfassung ausgelegt sind oder das Muster, das von etwas im Mosaik Dargestellten gebildet wird.

Vordergrundmuster

Hierbei handelt es sich um das vom Hauptmotiv des Mosaiks gebildete Muster. Schauen Sie sich das Nashorn auf Seite 57 an. Der Hintergrund ist in einer Weise ausgelegt, die der Tiergestalt folgt, und die daraus sich ergebenden Formen haben ihren eigenen Rhythmus; die Falten auf der Haut des Nashorns jedoch bilden kontrastierende Muster.

Es ist nicht ungewöhnlich, dass das Hauptmotiv eines Mosaiks mehr als ein Muster ausbildet. Als Beispiel dafür kann der Stoff dienen, der sowohl ein Muster wirft als auch ein Muster trägt. Jedes Mal, wenn Sie die Richtung, in der die Fliesen verlegt werden, ändern, schaffen Sie ein neues.

Sie können Muster auch für visuelle Scherze und Anspielungen nutzen. Stellen Sie sich vor, Ihr Mosaik habe ein traditionelles Thema, wie einen Korb mit Fischen. Sie können nun die Tupfen und Streifen der schuppigen Fischkörper in abgemilderter Form auf dem Hintergrund einsetzen oder das Flechtwerk des Korbes zu dem Muster machen, das das restliche Feld bildet.

Muster als Brennpunkt

Ein Muster kann als Hauptmerkmal eines Mosaiks dienen, beispielsweise in Form eines dekorativen Einzelgegenstandes, umgeben von einer Einfassung oder einer Reihe von Einfassungen. Ein Fußboden aus nur einer einzigen dekorativen Idee kann zu eindrucksvollen Ergebnissen führen.

Wenn Sie an einem Mosaik arbeiten, in dem Muster die Hauptrolle spielen sollen, so denken Sie daran, dass ein Muster selbst über ein Eigengewicht verfügt. Dies sollte berücksichtigt werden, wenn es um Ausgewogenheit im Mosaik geht. Ein Muster auf einer Fläche muss nicht unbedingt durch ein Muster auf einer anderen ergänzt werden. Sie können sich der Farbe, Reflexion oder einer gänzlich anderen Eigenschaft bedienen, um ein Gleichgewicht herzustellen. Selbstverständlich kann ein Muster durch ein anderes ausgeglichen werden. Das Mosaik vor dem Kamin (s. Seite 74/75) zeigt, wie das funktionieren kann. Die Beispiele 3 und 4 (s. Seite 77) belegen, wie ein schlichtes Muster durch differenzierte Farbgebung größere Komplexität gewinnen kann.

Hintergrundmuster

Auf dem Hintergrund eines Mosaiks lassen sich Muster in vielfältiger Weise anwenden. Begriffe wie »Fächer« oder »Opus vermiculatum« (»Würmchenform«) beschreiben einige der gängigeren Hintergrundmuster, über die Sie in Kapitel 4 mehr Informationen finden. Sie können aber ebenso gut eine eigene Weise entwickeln, um mit Mustern umzugehen. Schauen Sie sich das Beispiel 1 an. Hier besteht der Hintergrund aus einfachen, gerade verlegten Smaltenmosaiken und das Vordergrundbild stellt ein Paar Diamanten dar. Beispiel 2 zeigt das gleiche Stück mit einem anders gestalteten oberen Teil des Vorder- wie des Hintergrundes. Ein solches Muster entsteht durch »Überlegen« von Figuren. Weitere Beispiele finden Sie in den Spiegeleinfassungen auf den Seiten 84 und 85.

Stellen Sie sich vor, Sie sollten einen Hintergrund in einer einzigen Farbe auslegen.

1 Die Wiederholung einer Gestalt wie in diesem Diamanten-Paar ist die einfachste Weise, ein Muster zu schaffen.

2 Ein komplexeres Muster lässt sich gewinnen, indem man schlichte Figuren schneidet.

3 Muster entstehen, indem man eine Regel aufstellt und sich an sie hält. Hier wechseln Farbstreifen ihren Ton vom Vorder- zum Hintergrund.

4 Weitere Muster entstehen, indem die Anordnung der Hintergrundfarben strukturiert wird oder diese wie zufällig eingesetzt werden.

Dies sieht nur so lange nach einer Einschränkung aus, bis Sie sich Gedanken über die Anzahl der erzielbaren Effekte machen. Sie können eine Einzelfläche in eine Reihe von Mustern und Formen unterteilen, die sich aus der Weise, in der die Teile verlegt sind, ergeben.

Sie können die Teile in unterschiedlichen Formen zuschneiden oder Sie kombinieren Materialien zu verschieden reflektierenden Oberflächen. Möglichkeiten, Muster zu schaffen, gibt es anscheinend unendlich viele, noch bevor man begonnen hat, weitere Farben in Erwägung zu ziehen.

SCHOTTENKARO-TISCHPLATTE

Diese Tischplatte führt die äußerst trickreichen Effekte vor, die sich aus dem einfachsten aller Schemata gewinnen lassen. Die Regel ist hier der Grundkontrast zwischen einem Feld aus vier gelben, orangen oder grünen Fliesen und einer grün-blauen Trennlinie. Die Farben in den Feldern sind zufällig, aber gleichmäßig durchmischt. Interessant wirkt das Stück durch die große Vielfalt an Farbtönen, die es flimmernd und komplex wirken lassen. Das Stück hält einer Prüfung stand, denn obgleich die hinter ihm stehende Idee einfach ist, erfasst das Auge die Machart nicht sogleich. Die Komplexität des Farbtons zwingt Sie länger hinzuschauen, um das Muster zu verstehen, als Sie es sonst tun würden. Das Mosaik demonstriert, wie zutreffend das in Kapitel 5 »Oberfläche« über die gelungene Gestaltung Ausgeführte ist – Variation auf einer Seite, Beschränkung auf einer anderen.

Ratschläge für die Gestaltung

Obgleich es sich um einen raffinierten Entwurf handelt, erfordert er keinerlei Schneidearbeit und kann von einem Anfänger ausgeführt werden. Ein Teil seines Reizes liegt darin, dass alle Farben von gleicher Intensität sind. Sie sind alle miteinander verwandt und zwar so sehr, dass nur durch genaue Prüfung festzustellen ist, wie sie innerhalb mehrerer Felder kombiniert sind.

- Die Steinchen werden hier als ganze verwendet und einfach von den Trägerbögen abgelöst. Zeichnen Sie den Musterraster auf ein Stück Papier und achten darauf, dass er groß genug für Mosaiksteine und Mörtelfugen ist. Obwohl das Mosaik außergewöhnlich schlicht ist, empfiehlt es sich doch, die Anordnung der Felder aus vier Fliesen zu markieren, da Fehler überraschend leicht unterlaufen.

- Es wird Ihnen nur dann gelingen, einen Flimmerton, wie er den Reiz dieses Designs ausmacht, zu erzielen, wenn Sie Ihre Steinchen aus einer Vielzahl von Farbabstufungen zusammenstellen. Wenn Sie das Stück lediglich aus vier Farben komponieren, wird das Ergebnis vergleichsweise statisch ausfallen. Wählen Sie Farbtöne, die so nah wie möglich miteinander verwandt sind. Falls Sie die hier gezeigten Töne nicht bekommen, denken Sie an die Grundsätze, nach denen dieses Mosaik »funktioniert« und Sie werden andere wirkungsvoll an deren Stelle setzen können.

- Dieses Mosaik wurde mit Hilfe der indirekten Methode angefertigt (s. Seite 114). Die Mörtelfarbe Grau ist die am wenigsten aufdringliche und zudem tonal angepasst. Sollten Sie andere als die hier gezeigten Farben verwenden, wählen Sie eine Mörtelfarbe, die der in den Feldern so nahe verwandt wie möglich ist.

KERAMIK-TISCHPLATTE

Mit dieser Mosaik-Tischplatte soll demonstriert werden, dass auch die Fugen Muster vorgeben. Es liegt an Ihnen zu entscheiden, was mit ihnen ausgesagt werden soll. Damit die Mörtelfugen im Brennpunkt der Aufmerksamkeit bleiben, haben wir nur wenige Farben verwendet. Innerhalb dieser engen Vorgaben wurden die Fliesen auf so vielfältige Weise wie möglich zugeschnitten und verlegt. Es gibt keine feste Regel hinsichtlich des zwischen den Fliesen zu belassenden Abstandes, aber die gefälligste Wirkung stellt sich ein, wenn er über das gesamte Stück gleich bleibt. Da es auf die Abstände ankommt, damit sich auf der Tischplatte das spitzenartige Muster ergibt, ist der Fugenspalt ziemlich breit gewählt.

Ratschläge für die Gestaltung

Das Mosaik erfordert ein gewisses Maß an Fertigkeit im Schneiden und Verlegen und eignet sich dadurch nicht so gut für Anfänger. Zwar ist die Farbpalette beschränkt, die Vielfalt der Fliesenformen ist aber groß. Die vielen unterschiedlichen Schnittformen verlangen nach einer sinnvoll gliedernden Gestaltung. Indem der Kreis in Flächen aufgeteilt wurde, kann ein jeder Abschnitt Träger eines Musters werden, während die Gesamtstruktur der Darstellung zugleich Geschlossenheit verleiht.

- Machen Sie die unterschiedliche Oberflächenbeschaffenheit der Materialien zum Bestandteil des Musters. Auf dieser Tischplatte sind unglasierte Keramikfliesen mit Glassteinen kombiniert. Der Kontrast von matten und reflektierenden Oberflächen und verschiedenen Weißtönen macht das Stück interessant und belebt es.

- Nichts lässt eine Farbe stärker hervortreten als wenn sie in Kontrast zu einer anderen steht. Damit das Mosaik tatsächlich hell und gebrochen wirkt, umgeben Sie es mit einer blau-grauen Mosaikeinfassung. Während der graue Fugenmörtel die weißen Fliesen optisch trennt, schließt er den Hintergrund zusammen. Schneiden Sie das Material für ihn in ähnlich unkonventioneller Weise zu wie bei den weißen Fliesen. Im Materialmix können Glassteine und stärker reflektierende glasierte Keramikfliesen enthalten sein.

- Dieses Mosaik wurde mit Hilfe der indirekten Methode (s. Seite 114) auf Packpapier gefertigt. Bei solch experimentellen Stücken bewährt es sich, die indirekte Methode zu beherrschen, da bis zur Befestigung des Stückes keine Entscheidung unwiderruflich ist. Wann immer Sie feststellen, dass die eine oder andere Fläche nicht so gut wirkt, wie Sie es sich wünschen, können Sie diese wieder von der Rückseite her vom Papier ablösen.

RÄNDER

Diese Randdekore bringen eine identische Vorlage in unterschiedlichen Ausführungen. Gezeigt werden soll, wie selbst das schlichteste Thema durch die Art, in der die Fliesenzuschnitte und Farben angeordnet werden, prachtvoll umgesetzt werden kann.

Ratschläge für die Gestaltung

- Der Rand in Beispiel 1 wurde aus unglasierter Keramik gelegt. Die hier wie auch in dem Glassteinchendekor (Beispiel 3) verwendeten Farben sind ähnlich, so dass die Unterschiede in der Materialbeschaffenheit deutlich hervortreten. Die *tesserae* (Mosaikteilchen) wurden wie zufällig ausgelegt, eine Art, die auch als »Opus palladianum« bekannt ist. Sie werden feststellen, dass der Farbton des Mörtels dem der blauen und grauen Fliesen/Steinchen sehr ähnlich ist. Dies wirkt sich insofern ungünstig aus, als die sonst gegliederte Blattstruktur auch durch die Gesamtwirkung dieser Verlegemethode nicht deutlich wird.

- Das Beispiel 2 zeigt, dass eine Gestalt auch ohne kräftige oder kontrastierende Farbe Tiefenschärfe gewinnen kann. Gehen Sie mit den trennenden Mörtellinien und dem Auslegen der Fliesen so um, als wären die Fugen Bleistiftzeichen auf Papier. Sie beschreiben die Form durch Linien. Obwohl der beige und der Cremeton der unglasierten Keramik verwandt sind, verfügt dieser Randdekor über größere Trennschärfe als das mit Kontrastfarben arbeitende Beispiel unten. Der Hintergrund ist nach Art des »Opus palladianum«, die Blätter sind eher konventionell aus Viertelfliesen gelegt.

- Das Randmuster in Beispiel 3 besteht aus Glassteinen. Sowohl in den Blättern wie auf dem Hintergrund wurden verwandte Farbtöne verwendet. Das verhilft der Arbeit zu einem gedämpften, delikaten Erscheinungsbild. Obwohl die Farben jenen im Beispiel 1 ähneln, hat das Mosaik eine reflektierende, glänzende Oberfläche, statt eine dem Fugenmörtel gleichende matte.

1 Unglasierte Keramik

2 Unglasierte Keramik

3 Glassteinchen

GALERIE

Quadratische und runde Spiegeleinfassungen
Ähnlich wie die Ränder (s. Seite 82 und 83) demonstrieren diese beiden Spiegeleinfassungen, wie eine einzige simple Idee sich in einer Vielfalt von Farben mit unterschiedlichem Effekt interpretieren lässt. Sie besteht darin, eine Fläche in verschiedene Felder zu unterteilen und diese mit unterschiedlichen Mustern auszufüllen. Die Spiegeleinfassungen beziehen ihre Vielschichtigkeit aus einem kleinen Regelbruch. Hätte man sich allzu streng an die Regel der tonalen Variation gehalten und das durch das im oberen Mosaik laufende dünne Farbband heller als den Rest ausgeführt, so wäre das Ergebnis vermutlich weniger interessant. Gerade dadurch wird die Aufmerksamkeit des Betrachters geweckt, näher hinzusehen.

Die runde Spiegeleinfassung funktioniert nach demselben System, mit dem Unterschied, dass der Streifen tonaler Variation am Rand mal weiter, mal enger gehalten ist. Besondere Sorgfalt wurde auf die Ausgewogenheit von hellen, dunklen und intensiven Farben verwandt. Lindgrün und leuchtendes Rot bilden eine ungewöhnliche Farbzusammenstellung, aber so wie sie in den Zusammenhang eingefügt sind, wirken sie gut.

Bodenplatten

Dieser Gartenpfad besteht aus einer Reihe einfacher Betongussplatten mit Mosaikauflage. Platten gießen ist unterhaltsam und lohnend und zudem ein ideales Medium für eine Reihe von Experimenten, weil keines von ihnen zu viel Zeit in Anspruch nimmt. Da die Platten jedoch dick und schwer sind, verwendet man sie am besten im Garten.

Mit einem solchen Stück können Sie recht zwanglos verfahren. Es macht rein gar nichts, wenn einige Exemplare sehr schlicht ausfallen, da sie ihre Wirkung erst als Serie entfalten. Es ist wahrscheinlich sogar besser, wenn einige schlicht sind und nicht alle vor Details strotzen. Dieser Pfad ist in Schwarzweiß verlegt; Sie können aber ebenso gut Farbe verwenden.

Bei der Mehrzahl der Platten sind die Mosaiksteinchen nicht sonderlich gewagt zugeschnitten; falls Sie aber mit unterschiedlichen Mustern und Schneidetechniken experimentieren wollen, eignet sich ein solches Vorhaben ideal dazu.

7 Gesichter & Gestalten

Traditionell wurde Mosaik oft als Medium zur Darstellung von Porträts und der menschlichen Gestalt genutzt. Durch den umsichtigen Einsatz von Verlegelinien und Schattenwirkungen lassen sich lebhafte und lebendige Effekte erzielen. Im links gezeigten »Kosmonauten-Mosaik« sind die Figuren in traditionellem Material – Smalten – ausgeführt, jedoch stark stilisiert. Von entscheidender Bedeutung für das Stück ist die Komposition: Die Gestalten sind so angeordnet, dass der Eindruck von Schwerelosigkeit entsteht, als schwebten sie im Weltraum. Dieses Kapitel befasst sich mit der Erzeugung von Illusionen durch die Form und eine interessante Farbpalette, außerdem mit den Herausforderungen durch den Körperbau der menschlichen Figur.

DIE MENSCHLICHE FIGUR IM MOSAIK

Die Darstellung der menschlichen Figur wurde immer von Stilen beeinflusst, die aus anderen Medien wie der Malerei und Skulptur übernommen worden waren (s. Kapitel 8). Diese historischen Stile geben Zeugnis, auf welche unterschiedlichen Aspekte der menschlichen Figur besonderer Wert gelegt wurde: Bewegung kontra Ruhe, Realismus kontra Intensität. Es handelt sich um grundsätzliche Entscheidungen, die bei jeder Gestaltung der menschlichen Figur neu getroffen werden müssen.

Bewegung

Am besten beginnt man mit der Positionierung der Figuren und ihrer Körperhaltung. Was den besonderen Reiz des menschlichen Körpers als Gegenstand einer Darstellung ausmacht, ist seine außerordentliche Wandlungsfähigkeit – Sie können jede beliebige Komponente exakt in die Komposition einarbeiten, die Sie sich wünschen.

Komposition wird bestimmt durch die Gestalt des zur Verfügung stehenden Raumes sowie durch das, was die Figur ausdrückt. Falls Sie eine ganz bestimmte Bewegungsart, etwa das Schwimmen, zum Ausdruck bringen wollen, müssen Sie die eine Haltung finden, die den Bewegungsablauf am besten vermittelt. Ein solch konzentrierter Effekt fördert die Intensität in einem Bild und lässt sich jenseits der Grenzen des Realismus einsetzen, um stilisierte und dennoch aussagekräftige Formen zu entwickeln. Nicht alle figurativen Stücke vermitteln Bewegung. Einige der prachtvollsten jemals angefertigten Mosaiken, die großen byzantinischen und mittelalterlichen Kirchenmosaiken, verdanken ihre Kraft dem Ausdruck äußerster Ruhe.

Proportion

Ein weiterer Gesichtspunkt bei der Gestaltung von Mosaikfiguren ist die Proportion. Das Auge reagiert besonders empfindsam auf das menschliche Antlitz und die menschliche Figur und unterscheidet sofort zwischen Individuen, ohne sich dessen bewusst zu sein. Winzige Veränderungen, die anderswo (etwa als Muster auf einer Baumrinde) unbemerkt bleiben würden, sind im menschlichen Antlitz von enormer Bedeutung. Ebenso erfasst das Auge jedwede Entstellung der menschlichen Gestalt wie übergroße Köpfe oder ungleiche Gliedmaßen. Das soll nicht heißen, dass sich daraus nicht ein positiver Effekt gewinnen ließe. Die großartigen byzantinischen Gestalten haben sehr große Augen, und Künstler wie El Greco und Giacometti haben mittels Streckung unverwechselbare und ausdrucksvolle Figuren geschaffen.

Farbton

Impressive, schlichte Figuren können mittels Umrisslinien oder als flächige Gestalten dargestellt werden. Raffiniertere Wirkungen lassen sich erzielen, wenn die Form unter Zuhilfenahme des Farbtons angedeutet wird. Wenn Sie eine imaginäre Lichtquelle aufstellen, können Sie herausarbeiten, wie das Licht auf verschiedene Körperbereiche fallen soll. Normalerweise muss man den Effekt vereinfachen, dergestalt, dass jeder Teil der Figur – Glieder, Torso und Kopf – ungeachtet seiner genauen Position eine dunkle und eine helle Seite hat. Der Übergang von Dunkel zu Hell auf dem Gesicht lässt die Illusion einer gewölbten Form entstehen. Mit Hilfe von Falten in Kleidern kann man die darunter sich verbergenden Körperformen andeuten.

Farbe

Sehr wichtig ist die Auswahl der Palette für die Hauttöne. Bei Smalten ist die Auswahl von Fleischtönen groß, weit weniger bei Glassteinen und Marmor. Es handelt sich hierbei um eine sonderbare Farbe, die nicht immer leicht in reizvoller Weise zu kombinieren ist. Jedoch enthält sie Spuren des gesamten Spektrums. Man kann diese verstärken und das Bild mit Hilfe vieler verschiedener Farben in den richtigen Tonwerten beleben.

Verlegen

Die Richtung der Verlegelinien ist bei der Umsetzung Ihres Entwurfs in Mosaik von entscheidender Bedeutung. Beim Arbeiten an einer komplexen Gestalt wie einem Gesicht oder einer Figur werden sich verschiedene Linien gegenseitig schneiden. Durch nötige Zuschnitte an diesen Schnittstellen können unbeabsichtigte, verwirrende Linien entstehen. Deshalb sollten Schnittstellen von Verlegerichtungen und Farbtönen möglichst mit bedeutsamen Konturen der Anatomie übereinstimmen. Schwierigkeiten ergeben sich außerdem oft, wenn Sie Reihen parallel zur Umrisslinie des Körpers verlegen. Diese lassen sich vermeiden, indem Sie die Umrisslinie des Körpers auslegen und diesen dann mit kreuz und quer dazu verlaufenden Linien füllen.

Dies verstärkt die Illusion von Dreidimensionalität (siehe hierzu auch das Beispiel links unten).

Parallel verlegen: Unterschiedliche Töne verlaufen parallel zur Umrisslinie des Gesichts, wobei Richtungswechsel mit besonderen Merkmalen zusammenfallen.

Quer verlegen: Die Linien folgen einer gekrümmten Linie über das Gesicht, die durch die Augen und Augenbrauen vorgegeben wird.

Linear: Besondere Linien werden durch unterschiedliche Töne hervorgehoben; die dazwischen liegenden Flächen sind in geraden Linien ausgelegt.

Pixel-Effekt: Das Gesicht ist gerastert; die Form wird durch Wechsel im Farbton gewonnen.

ASTRONAUT

Dieses kleine Mosaik stellt den stilisierten Kopf eines Raumfahrers dar. Insgesamt ist es sehr schlicht ausgeführt; es bezieht zudem die Einwirkung des Sonnenlichts auf die Planeten mit ein, weshalb das Stück auf der einen Seite dunkel und auf der anderen Seite hell ist. Um das Bild ins Gleichgewicht zu bringen, ließen wir die Hintergrundfarben jeweils korrespondieren, so dass die schwarzen und weißen Anteile auf beiden Seiten gleich gewichtig sind. Das Gesicht ist mit Hilfe einfacher Linien beschrieben, aber nicht auf beiden Seiten identisch. In der Sprache der Gestaltung ließe sich dazu sagen, dass Symmetrie idealisierte Bilder zu schaffen, Asymmetrie aber häufig Charakter zu vermitteln vermag. Hier stehen die Augen leicht schräg gegeneinander und die beiden Nasenseiten sind ungleich.

Um diese Details herauszuarbeiten, werden für diese Linien sowie Teile des Helms kleinere Würfel verwendet. Das Mikrofon des Astronauten ist ein aus einem einzelnen großen Würfel geschnittener Kreis. Die »Füllung« wurde mit einheitlich geformten Würfeln ausgeführt, was dem Stück Geschlossenheit verleiht. Um zu viele Zuschnitte oder kleine Teilchen zu vermeiden, haben wir das Material so einfach wie möglich verlegt. Der runde Helm wird dadurch betont, dass die Würfel den ganzen Umkreis ausfüllen; diese Bögen finden dann ihre Entsprechung im Hintergrund oben. Die konzentrischen Mörtellinien vermitteln in Kombination mit der engen Einfassung des Bildes am Rahmen einen so dynamischen Eindruck, als rase der Astronaut durch den Raum auf uns zu.

Es wurden gebrauchte Marmorquader verwendet; leichte Variationen in Größe und Ton verhelfen dem Stück zu größerer Lebendigkeit. Der Einsatz von wieder verwendeten Materialien lässt das Stück schon jetzt alt wirken, hier in gewolltem Gegensatz zum gewählten Thema. Die Mörtelfarbe ist grau, ein Ton in der Mitte zwischen Schwarz und Weiß. Er definiert die einzelnen Elemente und lässt das Ganze einheitlich wirken.

Ratschläge für die Gestaltung

Das Stück misst 30 x 30 cm und wurde als Wandmosaik angefertigt, könnte aber genauso gut in einen Steinfußboden eingelassen oder als Bodenplatte gegossen werden (s. Seite 122).

- Angewendet wurde die indirekte Methode (s. Seite 114). Die eingesetzten Würfel sind von unterschiedlicher Dicke. Wenngleich auch die direkte Methode angewendet werden könnte, ergäbe sich damit eine sehr unebene Oberfläche. Beginnen Sie mit dem Verlegen der quadratischen Teilchen an den Rändern und lassen Sie dabei eine Seite frei, damit Sie die Zuschnittreste wegwischen können. Legen Sie sodann die geraden Linien der Gesichtszüge und des Helms und füllen schließlich die restlichen Flächen aus. Streichen Sie (wie in Arbeitsschritt 4 auf Seite 115) auf die derzeitige Ansichts- und spätere Rückseite des Mosaiks eine Lage Mörtel und füllen die tieferen Bereiche aus, bevor Sie es umgedreht in das abgezogene Mörtelbett der MDF-Platte setzen. Dies nennt man die Rückseite »buttern«; es sorgt für ein Klebebett von variabler Dicke und für eine spätere relativ ebene Oberfläche.

- Der Vorteil der durch diese Technik gewonnenen ebenen Oberfläche ist der, dass man das Mosaik »schleifen« kann, indem man den unpolierten Marmor mittels Schmirgelpapier so lange abreibt, bis sich ein halb poliertes Erscheinungsbild ergibt, das die Farben intensiviert, ohne die Oberfläche glänzen zu lassen. Marmor ist überraschend gestaltbar; kurzes, kräftiges Reiben mit um ein Klötzchen gewickeltem Schmirgelpapier führt zu ermutigenden Ergebnissen. Dienlich ist diese Technik auch, falls Sie polierte Quader verwendet haben und deren extremen Glanz reduzieren wollen.

»DAS GELBE TISCHTUCH«

In diesem sehr stilisierten Mosaik geht es in erster Linie um das Anschaulichmachen von Dreidimensionalität. Es stellt eine Figur dar, die zusammen mit einem Tisch in einem Raum steht. Alle Oberflächen sind gemustert; die Illusion einer Figur im Raum wird ganz durch den geschickten Umgang mit hellen und dunklen Tönen geschaffen. Ehemals schuf die hellenistische Schule der römischen Mosaiken Bildszenen mit Tiefenillusion sowohl für die Mittelstücke von Bodenmosaiken als auch für Wandmosaiken wie jene, die man in Pompeji gefunden hat. Seitdem hat eine Entwicklung des Mosaiks zu flacheren und schlichteren Hintergründen stattgefunden. Zum Teil deshalb, weil solche für den Fußboden besser geeignet sind, wo ein Tiefe unterhalb des Bodenniveaus vorgaukelnder Illusionismus für den Betrachter desorientierend wirken könnte. Im Falle der frühchristlichen Wandmosaiken lag das Schwergewicht auf Erziehung und Unterweisung. Von schlichten, flachen Hintergründen strahlte die Botschaft zunächst in den architektonischen Raum und erreichte dort ihr Auditorium. Die Tradition, einen den Betrachter förmlich »einsaugenden« künstlichen Raum innerhalb der Bildfläche zu schaffen, machte sich von da an die Malerei zu eigen.

Die gezeigte Arbeit ist der Malerei ebenso verpflichtet wie dem Mosaik. Das Thema der Person in einem Zimmer ist in der Malerei des Impressionismus, Postimpressionismus und der frühen Moderne ein ganz wesentliches, so etwa bei Degas und Matisse. Von Vuillard hingegen stammt der viel verwendete Kunstgriff, gemusterte Flächen gegeneinander zu setzen.

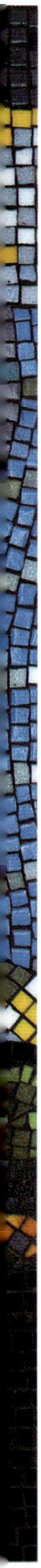

Ratschläge für die Gestaltung

Um eine Illusion im Mosik zu schaffen, muss man die verwendeten Farbtöne im Griff haben – eine Fertigkeit, die man durch Erfahrung erwirbt. Deshalb ist dieses Stück für fortgeschrittenere Mosaizisten geeignet.

- Das Mosaik lässt sich mit Hilfe der direkten Methode ausführen (s. Seite 112). Da aber die tonalen Übergänge Schwierigkeiten bereiten und Änderungen nötig werden könnten, empfiehlt sich die indirekte Methode (s. Seite 114).

- Mit seinen vielen Verweisen auf die Malerei ist dieses Stück prädestiniert, gerahmt an die Wand gehängt zu werden. Rahmen können Sie anfertigen, indem Sie Rundhölzer an die MDF-Plattenkante nageln und kleben. Dies erledigt man am besten vor der Befestigung des Mosaiks, um zu verhindern, dass Teilchen vom Rand abgeschlagen werden. Auch mit flexiblen Kupferbändern lässt sich das Stück rahmen. Nageln Sie diese mit Hilfe kupferner Spezialnägel in Abständen von fünf Zentimetern fest. Eine andere Möglichkeit besteht darin, das Stück als »virtuelles Bild« in eine einheitlich gekachelte Fläche an der Badezimmer- oder Küchenwand einzufügen.

- Das Stück misst 96 x 47 cm. Ähnliche, wenn auch gröbere Effekte lassen sich mit kleineren Formaten erzielen. Bei diesem Vorhaben empfiehlt es sich, die Wand-, Decken- und Bodenflächen zuerst in Angriff zu nehmen, um sicher zu stellen, dass die Beziehungen der Farbtöne untereinander stimmig sind und dass die Figur, der Lampenschirm sowie der Tisch deutlich zu erfassen sind.

FARB-ÜBERGÄNGE

Muster

Dieses Beispiel zeigt das Spiel des Lichts anhand feiner, in einzelnen Tupfen über ein einfarbiges Feld versprengter Farbtonwechsel.

Tonabstufungen

Eine breite Farbpalette ist die Voraussetzung für eine möglichst wirklichkeitsgetreue Wiedergabe von Formen.

Lineare Übergänge

So kann man vermeiden, dass der Farbwechsel mit einer störenden senkrechten Linie einsetzt.

Stufenweise Übergänge

Mittels dieser Technik lässt man eine Farbe nach und nach in eine andere übergehen, ohne dass Steinchen in Zwischentönen gebraucht würden.

ENGEL

Diese Arbeit ist aus Smalten gefertigt, dem traditionell in römischen, byzantinischen und mittelalterlichen Mosaiken verwendeten emaillierten Glas aus Venedig. Smalten sind ein Material von großer Intensität und wirken besonders in weiten architektonischen Räumen, aus großem Abstand betrachtet. Auch für relativ kleine Stücke wie dieses (80 x 100 cm) lassen sie sich verwenden. Dieses Motiv benötigt eine eigene Wand mit viel Raum um sich herum, da es keine Konkurrenz in seiner Nähe verträgt.

Dem Entwurf liegt die Idee zu Grunde, dass die figürliche Darstellung das gesamte Feld so weit wie möglich ausfüllen sollte. Sie findet sich oft in der mittelalterlichen Stein- und Holzskulptur, wo viel Kunstfertigkeit aufgeboten wurde, um alle erdenklichen Kreaturen, Figuren und Gesichter in den vorgegebenen, festen Maßen der Schlusssteine und Kapitelle unterzubringen. Trotz dieser Einschränkungen sollte auch das Gefühl vermittelt werden, als fliege der Engel durch die Luft.

Wegen der Intensität der Smalten besteht ein sehr starker Kontrast zwischen dunklen und hellen Farben. Es ist eine breite Auswahl von Tönen in verschiedenen Farben erhältlich, die eindrucksvolle Tonabstufungen über den gesamten Körper sowie ein intensives Modellieren der Gewandfalten möglich macht. Die Falten lassen sich dazu nutzen, Trennlinien zwischen unterschiedlichen Tönen und auch zwischen Verlegerichtungen zu bilden und so komplexe Formen zu ermöglichen, die sich ohne hässliche, zufällige Anschlussstellen füllen lassen.

Im Kontrast zur dreidimensionalen Körpermodellierung sind andere Bestandteile der Darstellung flacher und stilisierter. Das Gesicht zum Beispiel ist aus einem beschränkteren Tonspektrum gebildet; seine breite beinahe kreisförmige Gestalt mutet geradezu mondartig an. Die Augen sind absichtlich weit auseinander gesetzt, was den Eindruck von Ruhe vermittelt.

Die Engelsflügel sind auf eine fast abstrakte Weise behandelt, mit Mustern wie »Auge« und »Bänder«, wie sie im Vogelgefieder vorkommen. Diese sind als flaches Muster in einem breiten Spektrum von Tönen ausgeführt. Sie bilden ein Gegengewicht zu jenen auf der Figur und schaffen die Illusion von Form und Tiefe.

Ratschläge für die Gestaltung

Diese Arbeit eignet sich, weil aus Smalten gefertigt, nur als Wandmosaik. Angewendet werden können sowohl die direkte wie die indirekte Methode (s. Seiten 112 und 114).

- Bei Anwendung der indirekten Methode werden Sie feststellen, dass die Smalten wegen ihrer unebenen Oberfläche nicht so fest auf dem Papier kleben wie andere Materialien und man beim Umwenden des fertigen Stücks große Sorgfalt walten lassen muss. Tragen Sie daher auf die jetzige Ansichts- und spätere Rückseite des Mosaiks eine dünne Lage Mörtel auf, bevor es gedreht in das Mörtelbett der MDF-Platte gesetzt wird (s. auch Seiten 115 und 116). Falls das Stück relativ klein ist, können Sie es auf ein Brett legen und sodann die gerahmte MDF-Platte mit der abgezogenen Mörtelschicht über das Mosaik stülpen, so dass

es nun beidseitig geschützt ist und vorsichtig umgedreht werden kann.

• Nachdem das Papier eingeweicht und abgelöst wurde, könnte in den Fugen Klebstoff zu sehen sein. Wenn man einen Klebstoff wählt, der im Ton dem gesamten Mosaik verwandt ist (im Falle des Engels ein dunkles Grau), wird er in vielen Bereichen nicht sichtbar sein. Wo er sehr augenfällig ist, wie in den blasseren Partien von Gesicht und Händen, kann er vor dem Trocknen vorsichtig mit Hilfe eines kleinen Werkzeugs oder eines Skalpells weggekratzt werden. Empfehlenswert ist die Verwendung eines langsam aushärtenden Produktes.

• Dieses Mosaik ist unverfugt geblieben, da Mörtel bei Smalten zu erheblichen Einbußen an Farbintensität führt, zum Teil, weil das unmittelbare Nebeneinander der Farben durch die Mörtellinien unterbrochen wird und teilweise auch, weil die mit Vertiefungen übersäte, unebene Materialoberfläche unweigerlich den Mörtel aufnimmt und die Farben dadurch abgeschwächt werden. Falls Sie sich jedoch für ein verfugtes Mosaik entscheiden, wird sich durch die Anwendung der indirekten Methode eine flachere Gesamtoberfläche ergeben, die leichter zu verfugen und auch zu reinigen ist.

GALERIE

Zwei Figuren
Dieses kleine Mosaik oben (40 x 40 cm) stellt eine weitere Übung in den im Motiv von Seite 92 angewendeten Techniken dar. Bei solch geringen Ausmaßen werden Muster stark vereinfacht, aber die Idee, menschliche Gestalten im geschlossenen Raum mit Licht zu modellieren, ist die gleiche.

»Zogu«
Dieses Porträt zeigt links Zogu, einen albanischen Kriegsherrn, Vater des Königs Zog. Es wurde von einem Foto aus dem 19. Jahrhundert inspiriert, das zum einen wegen der strengen Züge Zogus und zum anderen wegen seines intensiven Ausdrucks zur Vorlage gewählt wurde. Sein direkter Blick aus der Bildfläche lässt an die Vorbilder der byzantinischen Mosaikporträts denken.

Obwohl die Anklänge an ein altes Foto und an die Arbeiten der frühchristlichen Ära ersichtlich sind, zieht die Ausführung doch Gewinn aus der modernen Technik. Das alte Wissen (auf dem alle Mosaiken basieren), dass das Auge in der Lage ist, Bilder zu deuten, die aus winzigen, ungleichartigen Elementen zusammengesetzt sind, findet auch im Zeitalter der technischen Reproduktion immer wieder Anwendung. Zeitungsfotos bestehen aus winzigen Punkten, Plakatwände enthalten große Muster aus Farbklecksen und auf den Computerbildschirmen setzen sich die Bilder aus Pixeln zusammen, die aus winzigen Quadraten gebildet sind. Der Ausschnitt eines Computerbildes sieht in der Vergrößerung wie die einfachste Art von Mosaik aus: ein Gitter aus Quadraten von unterschiedlicher Farbe.

Als Ausgleich für die stark vereinfachte geometrische Struktur wendet die Computertechnologie bei Farbe und Farbton eine raffiniertere Technik an, die »Punktschattierung« genannt wird. Beim Aufbau von Farbflächen aus einer breiten Skala von Farben mit ähnlichem Ton können die Farbübergänge verwischt und die geraden Gitterlinien verschleiert werden. Diese Technik haben wir hier angewandt, wo das Gesicht mittels einer Reihe von Farbmischungen gebildet wird. Ganz aus der Nähe besehen, stellt sich das Mosaik als bedeutungsloses Durcheinander dar, erst bei einem gewissen Abstand verschwindet das Gitter und das Gesicht tritt deutlich hervor.

»Mazzini«

Dieses Mosaik oben war für die Eingangshalle des Gebäudes bestimmt, in dem Giuseppe Mazzini während seines Londoner Exils lebte. Das Porträt sollte etwas von dem Charakter des Mannes vermitteln, der die Kampagne zur Einigung Italiens ins Leben gerufen hat. Der Ausdruck ist deshalb von entscheidender Bedeutung. Das strenge und gebieterische Gesicht lässt Entschlusskraft, Integrität und Pflichteifer ahnen. Mazzini war am Ende seines Lebens ein verbitterter Mann, enttäuscht davon, dass statt einer Republik eine Monarchie entstanden war; er kehrte nach Italien nur als Engländer verkleidet zurück. Vielleicht zeigt das Gesicht auch etwas von dieser Desillusion.

8 HISTORISCHE MOSAIKEN

Das Kopieren historischer Mosaiken eignet sich auf hervorragende Weise dazu, etwas über diese Kunst zu erfahren. Kein noch so langes Betrachten eines Mosaiks vermag so viele Kenntnisse zu vermitteln wie die ausdauernde Bemühung und Beobachtung, die für die Anfertigung einer Kopie Voraussetzung sind. Einige historische Beispiele wie das links gezeigte Mosaik von San Vitale in Ravenna mögen mit ihren stattlichen Figuren und dem verschwenderischen Umgang mit Gold entmutigend wirken; jederzeit aber können kleine Details herausgelöst werden und als Einzelmosaik zu beträchtlicher Wirkung gelangen. In diesem Kapitel untersuchen wir, wie man geeignete Themen auswählt und diese mit Hilfe der verfügbaren Materialien zu eigenständigen, dekorativen Mosaiken gestaltet.

NUTZEN HISTORISCHER QUELLEN

Durch Kopieren von historischen Mosaiken machen Sie sich Schneide- und Verlegetechniken zu Eigen und lernen das Können der Kunsthandwerker von einst schätzen. In unserer Mosaikwerkstatt wurde die Reproduktion eines der römischen emblematischen Mosaiken aus dem »Haus des Tragischen Dichters« in Pompeji in Auftrag gegeben. Es veranschaulicht eine Szene von sieben sich auf eine Theateraufführung vorbereitenden Figuren und ist in Marmorwürfeln von weniger als 1 mm^2 Größe ausgeführt. Wir nahmen das Vorhaben mit der Überzeugung in Angriff, dass, wenn die Römer es geschafft haben, auch wir es schaffen könnten. Es erwies sich als Herkulesarbeit, schwieriger, als wir es uns hätten vorstellen können. Bei solch winzigen Größenordnungen erweisen sich Finger als zu klobig – die Stückchen mussten mit Hilfe von Pinzette und Nadeln bewegt werden. Außerdem erfordert die intensive Aufmerksamkeit, die nötig ist, um geringste Variationen im Ton der Marmorwürfel wahrnehmen zu können, vollkommene Konzentration und geistige Anstrengung. Das Tempo des Arbeitsfortschritts war geeignet, die Geduld eines Heiligen auf die Probe zu stellen. Gleichwohl hat uns das Experiment gelehrt, wie ungeheuer geschickt die römischen Handwerker waren, und wieviel Gelehrsamkeit, Wissen und Erfahrung in die Schöpfung solcher Stücke einflossen.

Auswahl

Sie lernen mehr durch das Kopieren eines Bildes nach einem Originalmosaik als durch das Übertragen eines Bildes aus einer anderen Kunstform. Offensichtlich haben unterschiedliche Medien unterschiedliche Eigenschaften und diese beeinflussen die Gestaltung eines Stückes. Was in einem Medium natürlich und leicht auszuführen ist, kann in einem anderen schwierig und unangenehm sein, und dieser Unterschied zeigt sich in dem fertigen Werk. Die schlichten Formen von Matisse' Ausschneidefiguren und Seetang-Kollagen zum Beispiel entstanden durch seinen instinktiven Umgang mit der Linie des geschnittenen Papiers oder das »Zeichnen mit der Schere«, wie er es nannte. Wenn diese ungleichmäßigen Gestalten in Mosaik nachgebildet werden, so entsteht ein Geflecht aus widerstreitenden Mörtellinien mit verzerrten Schnittformen an den Rändern; Leichtigkeit und Anmut der Originale sind dahin.

Es lohnt sich, einige Sorgfalt auf die Auswahl der zu kopierenden historischen Mosaiken zu verwenden. Versuchen Sie sich an einer Vorlage in einer Größenordnung, die Sie Stück für Stück kopieren können. Sie brauchen nicht Mosaiksteinchen von gleicher Größe zu verwenden – das Format der Darstellung lässt sich durch Einsatz kleiner Teilchen reduzieren –, aber die Neuinterpretation eines Bildes ohne Rücksicht auf die Anzahl der Mosaiksteinchen wird eine Arbeit von anderem Charakter und anderer Ausstrahlung entstehen lassen. Zudem ist es unbedingt erforderlich, dass Sie nach einem Foto von guter Qualität arbeiten.

Quellen

Römische Fußbodenmosaiken, einschließlich solcher in römischen Villen in England freigelegter, sind eine ausgezeichnete Quelle geometrischer Muster. Für auf Naturformen basierende Muster, wie Blätter und Weinreben, liefern die frühchristlichen Mosaiken in Ravenna viele Beispiele, ebenso die islamischen Mosaiken der großen Moscheen in Cordoba und Damaskus. Tierabbildungen finden sich in den Jagdszenen, die in der Spätklassik im ganzen Römischen Reich beliebt waren. Einige der biblischen Darstellungen in christlichen Kirchen zeigen eine reiche Auswahl aus der göttlichen Schöpfung, zum Beispiel die »Arche Noah« in San Marco in Venedig. Diese spätmittelalterlichen Zyklen setzen sich aus einer Reihe von kleinen erzählenden Szenen zusammen – fast wie ein Comicstrip –, von denen jede einzelne in sich selbst eine schöne und interessante Komposition darstellt.

Klassische Mosaiken sind reich an menschlichen Figuren und Gesichtern. Die am meisten stilisierten sind die in Ostia in der Nähe von Rom gefundenen linearen Schwarzweiß-Mosaiken, die aus der frühen Kaiserzeit stammen. Die realistischsten Mosaiken wurden wahrscheinlich im Oströmischen Reich hervorgebracht; sie veranschaulichen mythologische Szenen und führen die Idee der allegorischen Figuren ein, welche für geografische Gegebenheiten wie Länder und Flüsse, später für abstrakte Eigenschaften wie Luxus oder Männlichkeit stehen (diese wurden gewöhnlich zwecks Erleichterung der Identifikation beschriftet). Alltagsszenen wie das Bestellen des Ackers oder Angelszenen finden sich eher auf nordafrikanischen Mosaiken.

Interpretation

Nachdem Sie ein Mosaik als Vorlage fürs Kopieren ausgesucht haben, machen Sie sich gründliche Gedanken über die zu verwendenden Materialien. Im Idealfall müssten solche zu finden sein, die den im Original eingesetzten entsprechen, was oft jedoch unmöglich ist. Im Falle der Marmormosaiken standen der Alten Welt viele Steine zur Verfügung, deren Vorkommen jetzt erschöpft sind. Dies gilt sogar für Mosaiken, die erst vor 50 Jahren entstanden sind, was bei der Restaurierung zu erheblichen Schwierigkeiten führt. Auch Smalten in passender Farbe sind wegen der beschränkten im Handel verfügbaren Auswahl oft schwer zu finden. Kompromisse sind daher unvermeidlich; behalten Sie es aber als Ziel der Reproduktion im Auge, den Gesamtcharakter des Originals wiederzugeben und nicht jede Einzelheit. Solange die Beziehung zwischen den Farben und Tönen denen des Originals entspricht, wird auch die Gesamtwirkung eine ähnliche sein.

Möglich ist es auch, von einem Material auf ein anderes umzustellen, ohne dass die Beziehung zum Original gänzlich verloren geht, ja, es könnten sogar gewisse Vorteile damit verbunden sein. So lassen sich zum Beispiel Smaltenmosaiken in Glassteinchen wiedergeben und Marmormosaiken in unglasierter Keramik. Mit diesen Materialien arbeitet es sich leichter und zudem wesentlich ökonomischer als mit Marmor und Smalten.

SEE-UNGEHEUER

Die Darstellung basiert auf einem der frühesten in Fishbourne, England, aufgefundenen römischen Fußbodenmosaiken aus dem 1. Jahrhundert. Es zeigt ein See-Ungeheuer, halb Pferd, halb Schlange, eingefasst von dem überall anzutreffenden Guilloche- oder Seilmuster. Das originale Bodenmosaik ist viel größer als die hier gezeigte Arbeit, aber die Klarheit und Schlichtheit seiner Zeichnung haben es relativ leicht gemacht, das Format zu verringern. Auch wurde es in sehr

kleinen Teilchen ausgeführt, womit eine weitere Verringerung der Größe des fertigen Stückes einkalkuliert war. Ein wichtiges Element im Gesamtcharakter des Stückes ist die ungleichmäßig gelegte Außenlinie der einfarbigen Hintergrundfläche, die die Arbeit antik und strikt handgefertigt aussehen lässt.

Ratschläge für die Gestaltung

Das Mosaik misst 26 x 40 cm und ist aus unglasierten Achtel-Keramikfliesen gefertigt (Fliesen werden geviertelt und die Viertel halbiert). Die sich ergebenden Stücke brauchen nicht vollkommen quadratisch zu sein, da Ungleichmäßigkeiten zur Lebendigkeit der Wirkung beitragen.

- Da es aus langlebiger Keramik besteht, lässt sich dieses Mosaik entweder in einen Fußboden einsetzen oder an einer Wand oder auf einem Holzträger befestigen.

- Gearbeitet werden kann mit der direkten wie mit der indirekten Methode (s. Seiten 112 und 114); die geringe Größe des Mosaikmaterials macht aber direktes Aufkleben auf Maschengitter unmöglich. Falls Sie ein Mosaik Stück für Stück kopieren wollen, können Sie entweder ein Foto vergrößern, so dass die Einzelteile das richtige Format haben, oder Sie pausen das Motiv Stück für Stück durch und vergrößern diese Pausen dann auf einem Fotokopierer, womit Sie ein noch deutlicheres Ergebnis erhalten. Diese Kopie lässt sich dann fest auf den Holzträger kleben und die Mosaiksteinchen können mittels PVA-Kleber (s. Seite 132) direkt auf die Zeichnung gesetzt werden.

- Beginnen Sie mit dem See-Ungeheuer und gehen dann zum Seilmuster der Einfassung über. Sie werden feststellen, dass diese Art der Einfassung einen natürlichen Rhythmus hat, und wenn Sie erst einmal einen Abschnitt dieses äußerst eleganten Musters verlegt haben, folgen die nächsten Abschnitte fast automatisch. Schließlich füllen Sie die einfarbige Hintergrundfläche aus.

- Verfugen Sie das fertige Stück mit grauem Mörtel. Dieser kommt farblich dem originalen römischen Mörtel nahe, bricht die dunklen wie hellen Flächen gleichermaßen auf und verhilft dem Stück zu einer harmonischen Gesamtwirkung.

TAUBEN

Dieses aus dem 6. Jahrhundert datierende Motiv stammt vom Gewölbebogen von San Vitale in Ravenna. Der Ausschnitt zeigt ein Taubenpaar vor einem stilisierten Blattmuster. Das Originalmosaik besteht aus Smalten.

Eine entsprechende Farbskala lässt sich jedoch auch aus Glassteinchen zusammenstellen, welche zumal vor dem die Farbe intensivierenden schwarzen Hintergrund fast so leuchtend aussehen wie Smalten.

Die Vögel sind mit ihrer herausgestreckten Brust und den lebendigen Augen schön beobachtet, und gerade auf diese Einzelhei-

ten kommt es an, wenn die Reproduktion den Charakter des Originals treffen soll. Die eigenartige rote Linie im Schwanz ist eindeutig nicht das Ergebnis naturalistischer Beobachtung, sondern das einer Reparatur zu späterem Zeitpunkt. Ob Sie solche Absonderlichkeiten kopieren oder korrigieren wollen, können Sie selbst entscheiden.

Ratschläge für die Gestaltung

Dieses Mosaik misst 29,5 x 41,5 cm und ist aus in Viertel geschnittenen Glassteinchen gefertigt. Es kann entweder gerahmt oder direkt an einer Wand befestigt werden. Wegen seines Motivs würde es sich besonders reizvoll in einem Garten oder auf einer Veranda ausnehmen.

- Es lässt sich sowohl die direkte wie die indirekte Methode anwenden (s. Seiten 112 und 114), oder Sie folgen, falls das Mosaik in einem Innenraum hängen soll, der im Zusammenhang mit dem vorangegangenen Vorhaben beschriebenen Stück-für-Stück-Methode (s. Seite 103).

- Falls Sie die Vorlage Stück für Stück kopieren, das Mosaik aber im Freien verwenden wollen, pausen Sie die vergrößerte Zeichnung entweder seitenverkehrt auf Packpapier, falls Sie mit der indirekten Methode, oder auf ein Sperrholzbrett oder eine Wandfläche, falls Sie mit der direkten Methode arbeiten. Direkt auf Papier zu kleben, selbst bei Verwendung von Komponentenkleber, empfiehlt sich nicht, da die Haftung zwischen Brett und Papier den äußeren Witterungsbedingungen nicht standhält.

- Beginnen Sie mit den Vögeln und fügen dann die Blätter sowie den Hintergrund hinzu. Die Goldsteinchen sorgen für gewissen Glanz und verweisen auf die häufig anzutreffenden Goldgründe der byzantinischen und frühchristlichen Mosaiken.

- Schließlich können Sie das Mosaik grau verfugen, was der Zementfarbe des Originals entsprechen würde. Oder Sie verwenden einen dunkleren Mörtel, um die Farben zu intensivieren und eine Gesamtwirkung zu schaffen, die im Einklang mit dem Glanz der Smalten steht.

DIE ZOFE DER KAISERIN

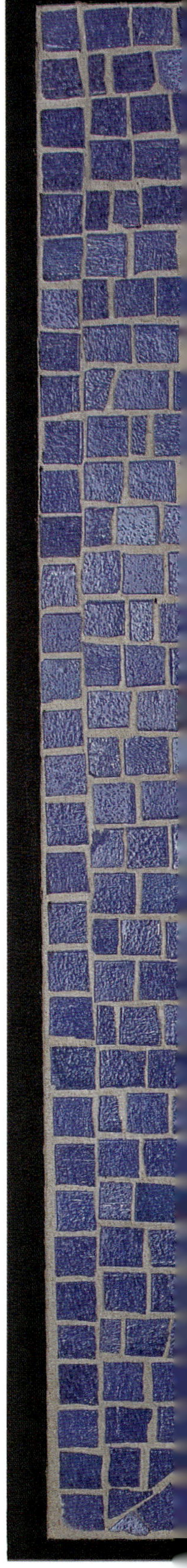

Die Vorlage zu diesem Porträtkopf stammt aus der Kirche San Vitale in Ravenna. Es handelt sich um ein Detail aus einem im 6. Jahrhundert ausgeführten, die Kaiserin Theodora mit ihrem Gefolge darstellenden Mosaik. Im Original (s. Seite 98) gibt es eine Reihe neben der Kaiserin stehender Hofdamen, deren mit Juwelen geschmückte Köpfe sich zum Teil überschneiden. Ausgewählt wurde der am weitesten rechts von der Kaiserin liegende und am kunstvollsten geschmückte Kopf. Um das Bild deutlich erfassbar zu machen, haben wir den Hintergrund zu einer einheitlichen Fläche vereinfacht und seine Farbe vom originalen Gold in Dunkelblau geändert. Wegen seines Preises ist Gold nur selten für den Hintergrund nutzbar zu machen; Goldfarbe als Ersatz sieht oft wie langweiliges Braun aus. Dunkelblau ist in San Vitale an anderer Stelle als Hintergrundfarbe eingesetzt worden; es ist von einer Tiefe und Sattheit, die dem Charakter des originalen Goldmosaiks gerecht wird.

Wie bei den Tauben (s. Seite 104) wurde auch dieses Smaltenmosaik in Glassteinchen neu interpretiert. Die Auswahl der Palette für diese Arbeit gestaltete sich schwieriger, da es mit den Fleischtönen des Originals vergleichbare Farben nicht gibt. Vermeiden Sie immer die Verwendung von zu viel Pink, da dies zu süßlich und nicht überzeugend aussieht.

Da jede Detailfläche aus mindestens zwei Farben besteht, wirken die Töne gedämpft und interessanter. So setzen sich die Pupillen aus einer Mischung von Grün und Braun statt aus der Einzelfarbe des Originals zusammen.

Ratschläge für die Gestaltung

Das Mosaik misst 40 cm im Quadrat und kann gerahmt oder direkt an einer Wand angebracht werden (s. Seiten 112 und 114).

- Falls Sie die Vorlage stückweise kopieren, das fertige Mosaik aber im Freien verwenden wollen, so pausen Sie bei Anwendung der indirekten Methode die vergrößerte Zeichnung auf Packpapier. Bei Anwendung der direkten Methode pausen Sie auf Sperrholz oder eine Wandfläche.

- Direktes Kleben auf Papier ist selbst bei Einsatz von Komponentenkleber nicht zu empfehlen, da die Haftung zwischen Brett und Papier äußeren Witterungsbedingungen nicht standhält.

- Beginnen Sie mit den Augen, der Nase und dem Mund und arbeiten Sie sich nach außen zum Kopfschmuck und den Juwelen vor. Füllen Sie zum Schluss den dunkelblauen Hintergrund aus.
Es empfiehlt sich, um den Rand des Mosaiks eine Reihe von nicht geschnittenen Fliesen zu legen, was dem Bild Ruhe gibt.

- Verfugen Sie das fertige Mosaik grau. Obgleich dies die Intensität des dunkelblauen Hintergrundes mindert, vereinheitlicht die blasse Farbe die Fleischtöne des Gesichts und rückt das Mosaik in größere Nähe zum Original.

GALERIE

»Zeit-Zeugen«

Obwohl es sich bei dem Stück oben offensichtlich nicht um die Kopie eines historischen Mosaiks handelt, leitet es sich doch vom römischen Typus des »ungefegten Fußbodens« her. Die Mosaikfußböden stellten hierbei Gegenstände aus dem typischen römischen Abfall wie Nussschalen, Fischgräten und Kerngehäuse von Äpfeln dar; manchmal wurden gar an den Überresten nagende Mäuse gezeigt. Dieses für ein Einkaufszentrum in Auftrag gegebene Mosaik greift die Idee in aktualisierter Ausführung auf. Der Abfall hier gehört ganz und gar zum 20. Jahrhundert und besteht aus Einwickelpapier für Süßigkeiten und Sandwiches, Aluminiumdosen und leeren Zigarettenpackungen.

Weil es auf einem Boden eingesetzt werden sollte, wurde das Stück mit Hilfe der indirekten Methode angefertigt (s. Seite 114); der Abfall wurde gesammelt, fotografiert, kopiert, durchgepaust und sorgfältig auf Packpapier übertragen.

»Virgo« – Jungfrau

Dieses runde Marmormosaik oben wurde für einen Gartenhof entworfen. Angeregt ist die Darstellung durch das Sternzeichen des Kunden. Der Auftrag bot die Gelegenheit, eine Figur im klassischen Stil zu schaffen, die vor einen einheitlichen, cremefarbenen Hintergrund gesetzt ist. Das Problem, die blasse Figur von dem blassen Hintergrund abzuheben, wurde so gelöst, dass man die Umrisslinien der Jungfrau in einer einzigen Reihe schwarzer Mosaiksteinchen auslegte. Geringe Anteile von Schwarz enthalten als Gegengewicht zu diesem Effekt auch die die Figur umgebenden Vogel- und Pflanzenmotive. Für die Zeichnung der Figurenform sind die Verlegelinien wichtig, so die konzentrischen Ringe der Brust und die sich wölbenden Konturen der Unterarme. Die Gewandfalten wurden mit Hilfe von Weiß- und Grautönen ausgeformt.

Römischer Kopf

Dieses für eine Badezimmerwand entworfene Stück links soll die Illusion erwecken, als tauchten Überreste eines antiken Mosaiks unter einem neueren Oberflächenanstrich auf. Der Anstrich bröckelt an den Rändern, und wo sich ein breiter Spalt aufgetan hat, kommt das römische Profil zum Vorschein. Zwar ist es aus Glassteinchen gefertigt, doch wurden gedämpfte Farben sorgsam ausgewählt, um sie wie Naturstein wirken zu lassen. Der Lorbeerkranz und die weiße Toga sollen auf den römischen Ursprung der Figur verweisen.

9

TECHNIKEN, WERKZEUGE & MATERIALIEN

VERLEGEMETHODEN

Direkte Methode

Da bei Anwendung dieser Methode die Mosaiksteinchen mit der »schönen« Seite nach oben auf eine Trägerplatte gelegt werden, hat man beim Arbeiten jederzeit das Ergebnis vor Augen. Wenn Sie eine absolut ebene Oberfläche brauchen, etwa für einen Fußboden, ist die direkte Methode nicht zu empfehlen, da sie immer ein gewisses Maß an Ungleichmäßigkeit in der Oberfläche bedeutet.

Jedes Mosaikmaterial kann direkt befestigt werden, Marmor und Smalten aber eignen sich wegen ihrer texturalen Qualität besonders gut dazu, gemeinsam in dieser Methode verarbeitet zu werden. Die intensive Farbe und das Reflexionsvermögen der Smalten ergänzen die feine kristalline, gedämpftere Natur des Marmors. Sollen die Mosaiken im Freien Verwendung finden, so müssen sie verfugt werden, da sonst Wasser in die Zwischenräume dringen, gefrieren und sich ausdehnen kann, wodurch die Haftung zwischen Material und Klebstoff zerstört wird; hingegen kann ein Mosaik für den Innenraum unverfugt bleiben.

Materialien, Werkzeuge und Ausrüstung

Gerahmte MDF-Platte • Holzkohle • Smaltenstücke • Marmorstücke • Terrakottafliesen • kleiner Pinsel • Fliesenzange • PVA-Kleber • Beize für den Rahmen

Arbeitsschritte

1 Arbeiten Sie einen Entwurf für Ihr Mosaik aus; hilfreich ist eine die Farbverteilung anzeigende Skizze. Wenn man leuchtende Smalten mit etwas dezenter farbigem Material kombiniert, muss man immer wieder überprüfen, ob die Farben überall ausgewogen sind. Versuchen Sie bei der Festlegung der Farben für Ihren Entwurf der Intensität des Materials Rechnung zu tragen. Lassen Sie sich nicht verleiten, um einer reizvollen Zeichnung willen zu schummeln, womit Sie sich um die Lehren brächten, die diese Übung für Sie bereit hält. Wenn Sie mit Ihrem Entwurf zufrieden sind, zeichnen Sie die groben Umrisse mit Holzkohle auf eine MDF-Platte. Fehler können leicht ausradiert und neu gezeichnet werden.

2 Legen Sie die Teile gemäß Ihrer Zeichnung auf dem Träger aus. So können Sie die Ausgewogenheit der Farben untereinander überprüfen. Wenn es scheint, dass ein oder zwei Flächen die Darstellung dominieren, ändern Sie Ihre Pläne und treffen eine neue Farbauswahl.

3 Beim Schneiden von Marmor und Smalten wird anders als bei dünneren Materialien die Zange in der Mitte angesetzt und nicht am Rand. Smalten liegen in zweierlei Form vor, als Riegel oder als kleine Rechtecke (s. Seite 131). Wenn Sie Marmorwürfel von der gesägten oder polierten Fläche her in zwei Hälften schneiden, gewinnen Sie gespaltene, rechteckige Marmorstückchen, die in Dicke und Gestalt zu den Smalten passen. Wir verwendeten außerdem schwach gebrannten, mexikanischen Ziegelstein, ein Material, das weich und leicht zu brechen ist.

4 Streichen Sie mit einem Pinsel eine geringe Menge PVA-Kleber auf eine begrenzte Trägerfläche, nicht auf die Mosaikteile! Tragen Sie den Kleber nicht zu dick auf, da er sich sonst zwischen den Teilchen durchdrückt und deren Oberfläche verunreinigt. Entscheiden Sie beim Auslegen, in welcher Richtung die Linien verlaufen sollen (schafft mehr Lebendigkeit). Wo eine Farbfläche auf die andere trifft, schneiden Sie die Fliesen so zurecht, dass sie passen.

5 Bauen Sie die Darstellung Fläche um Fläche auf. Legen Sie die Teile mit Bedacht aus, zumal Smalten und Marmor unebene Oberflächen aufweisen können. Vergewissern Sie sich, dass genügend PVA unter jedem Teilchen ist, damit es fest liegen bleibt. Fugenmörtel hat zwar keine eigentlichen Klebeeigenschaften, kann jedoch dabei helfen, die Teilchen am Platz zu halten. Unser Mosaik wird allerdings über dieses zusätzliche »Sicherheitsnetz« nicht verfügen, da es unverfugt bleibt.

6 Um die Außenlinien der Figuren sauber zu halten, schneiden Sie zunächst ein Randstück zurecht, das dort festgemacht wird, wo zwei Farben aufeinander treffen. Dies hilft den Bedarf an winzigen Dreiecken am Rand einer Farbfläche auf ein Minimum zu reduzieren; sie nehmen sich dort unschön und wie nicht geplant aus. Falls eine Farblinie nur durch Einsatz einer Anzahl ungleichmäßig geschnittener Teilchen passend gemacht werden kann, so versuchen Sie, diese in das Zentrum einer Fläche zu legen, wo sie besser kaschiert sind.

Indirekte Methode

Diese Methode kann bei all den Mosaikmaterialien angewendet werden, deren Vorder- und Rückseite die gleiche Farbe haben. Sie empfiehlt sich besonders dort, wo eine ebene Oberfläche verlangt wird, zum Beispiel auf Fußböden und Tischplatten. Sie können damit den zeitraubenden Teil der Mosaikarbeit in der Werkstatt oder im Hobbyraum ausführen, so dass größere Arbeiten bequem auf der Werkbank erledigt werden könne. Es ist schwierig vorherzusagen, wie das fertige Stück aussehen wird; wenn aber die Mosaiksteinchen aufs Papier geklebt sind, können sie leicht wieder abgezogen oder -gelöst werden, wodurch Änderungen und Nachbesserungen vor der endgültigen Befestigung der Arbeit problemlos möglich sind. Beachten Sie die Tatsache, dass Sie Ihre Skizze seitenverkehrt erstellen, um am Ende ein seitenrichtiges Bild zu erhalten (für unser Beispiel spielte das keine Rolle).

Die indirekte Methode lässt sich für gewölbte Oberflächen anwenden, sofern diese sich nur in eine Richtung wölben, wie zylindrische Säulen oder Tonnengewölbe, weil die mit Papier verkleideten Abschnitte flexibel sind und sich leicht zu sehr engen Radien (20 bis 25 cm) biegen lassen.

Materialien, Werkzeuge und Ausrüstung

Schweres Packpapier (Kraftpapier) • Holzkohle oder weicher Bleistift • Fliesenzange • Schutzbrille • Mosaiksteinchen • wasserlöslicher Kleber • Fugenmasse auf Zement-basis • Mosaikträger mit Rahmen • Gummihandschuhe • Fugengummi • Schwamm • Kleber auf Zementbasis • kleiner Zahnspachtel • sauberes, trockenes Tuch • Staubmaske

Arbeitsschritte

1 Schneiden Sie ein Stück dickes braunes Packpapier in der Größe des Mosaiks zurecht. Zeichnen Sie den Entwurf mit Holzkohle auf die raue Seite des Papiers. Holzkohle eignet sich gut, da sich die Zeichnung mit der Hand wegwischen und leicht korrigieren lässt.

2 Setzen Sie die Schutzbrille auf und schneiden mit der Mosaikzange die Fliesen aus Opakglas (Industriemosaik, s. Seite 130) in Viertel. Legen Sie einen Vorrat von jeder benötigten Farbe an. Setzen Sie die Zange am Rand, nicht quer über die Fliese an, weil diese sonst zerspringt.

3 Kleben Sie mittels wasserlöslichem, im Verhältnis 1 : 1 mit Wasser verdünntem PVA-Kleber die Stücke mit der Oberseite nach unten aufs Papier (so dass die gerillte Seite zu Ihnen zeigt). Geben Sie mit dem Pinsel immer nur so viel Kleber auf einmal aufs Papier, dass Sie etwa sechs Stücke festkleben können. Wenn der Kleber trocken ist, heben Sie jeweils das Papier hoch, um zu prüfen, ob die Mosaiksteinchen gehalten haben: ein Knistern zeigt an, dass dies nicht der Fall ist.

4 Wenn Ihr Werk vollständig und der Kleber durchgetrocknet ist, kann das Mosaik vorverfugt (also auf seiner späteren Rückseite verfugt) werden. Dies verhindert, dass der Kleber durch die Fugen dringt und erleichtert die Entfernung des Papiers. Mischen Sie ein wenig Fugenmasse mit etwas Wasser an und bereiten Sie eine sämige, streichfächige Masse. Ziehen Sie Gummihandschuhe an und verteilen die Fugenmasse mittels eines Fugengummis über das Mosaik. Vergewissern Sie sich, dass alle Fugen gefüllt sind.

5 Wischen Sie mit einem gut ausgedrückten, fast trockenen Schwamm das Mosaik ab, wobei die Fugenmasse in den Fugen verbleibt. Nehmen Sie nur die saubere Seite des Schwammes; wenn alle Seiten schmutzig sind, spülen Sie ihn aus und beginnen von neuem. Das vorverfugte Mosaik ist ziemlich fragil und sollte in seinem feuchten Zustand nicht länger als 10 Minuten liegengelassen werden.

6 Behalten Sie die Handschuhe an und vermischen Sie in einer kleinen Schale Kleber auf Zementbasis mit Wasser zu einem festen, aber verarbeitungsfähigen Kleber. Vergewissern Sie sich, dass das ganze Pulver aufgelöst ist, denn loses Pulver auf dem Boden der Mischung bewirkt, dass der Kleber schneller an Wirkung verliert.

7 Streichen Sie den Kleber mittels eines Zahnspachtels auf den Mosaikträger oder tragen Sie zunächst eine dünne Lage auf und strukturieren diese dann mit dem Zahnspachtel. Das soll sicherstellen, dass der Kleber gleichmäßig über die gesamte Fläche verteilt ist. Fahren Sie nochmals über Stellen, an denen er zu dünn oder zu klumpig und dick erscheint. Seien Sie großzügig beim Auftragen des Klebers, zumal wenn Ihr Mosaik viele kleine Teilchen hat.

8 Heben Sie das Mosaik vorsichtig hoch, drehen es um und legen es, ohne es zu biegen, mit der Oberfläche nach unten in das Kleberbett. Fassen Sie ein solch kleines quadratisches Mosaik immer an den diagonal gegenüber liegenden Ecken und positionieren es in eine Ecke des Rahmens; den Rest senken Sie behutsam in den Kleber hinab. In diesem Stadium kann man das ganze Stück noch verschieben, damit es perfekt im Rahmen sitzt; bei größeren Mosaiken wird ein neuer Abschnitt eng am zuvor eingesetzten angelegt.

9 Sobald das Mosaik sich in der richtigen Position befindet, befeuchten Sie den Papierrücken mit einem Schwamm. Drücken Sie das Mosaik fest in den Kleber, damit jedes einzelne Steinchen vollständig in Kontakt mit ihm ist. Üben Sie mit Ihren Händen oder einem kleinen flachen Gegenstand wie einem Schleifstein in einer Kreisbewegung Druck auf das Mosaik aus.

10 Befeuchten Sie mit einem Schwamm das Papier weiter, bis der PVA-Kleber sich aufgelöst hat (nach ungefähr 20 Minuten). Sehr verführerisch ist der Versuch, das Papier vorzeitig abzulösen; man macht sich das Leben damit aber nur schwer. Wenn Sie lang genug warten, geht das Papier leicht von den Teilchen ab. Ziehen Sie es behutsam quer über das Mosaik ab, nicht im rechten Winkel zu ihm, da sonst die Teile vom Kleber abheben würden. Beim Abziehen einer großen Fläche können Sie das Papier in kleinere Abschnitte reißen. Halten Sie das abgezogene Packpapier vom Mosaik fern, da es beim Austrocknen wieder festklebt.

11 Die Fugenmasse kann auf die Oberfläche durchgedrungen sein und in den Fugen Klumpen gebildet haben. Wischen Sie all dies weg, solange die Masse noch nass ist, da eine Korrektur in einem späteren Stadium Schwierigkeiten bereitet. Waschen Sie die Mosaikoberfläche sorgfältig mit einem Schwamm ab. Wenn alle Seiten des Schwammes schmutzig sind, spülen Sie ihn aus und beginnen von Neuem. Wenn Sie mit einem schmutzigen Schwamm arbeiten, streichen Sie nur wieder die Fugenmasse auf.

12 Um ein einheitliches Erscheinungsbild des Mosaiks zu erreichen, sollte seine gesamte Oberfläche noch einmal verfugt werden. Das Vorverfugen hinterlässt immer Lücken und auch die Randfugen müssen gefüllt werden. Bei größeren Mosaiken bedürfen die Fugen zwischen den Einzelabschnitten einer Füllung. Ein Befeuchten der Oberfläche erleichtert das Auftragen der Fugenmasse. Ziehen Sie Gummihandschuhe an und verstreichen Sie die Fugenmasse mit Hilfe des Fugengummis. Wenn sie angetrocknet ist, entfernen Sie überschüssige Masse mit einem Schwamm. Zuletzt wird die Oberfläche mit einem feuchten Schwamm und sauberem Wasser gereinigt. Sollte sich beim Trocknen der Oberfläche ein pulvriger Rückstand zeigen, so reiben Sie das Stück kräftig mit einem trockenen Tuch ab.

Auf Variationen der indirekten Methode wird bei den einzelnen Beispielen verwiesen. Zu größeren, aus mehreren Abschnitten bestehenden Mosaiken siehe die Fisch-Tischplatte, Seite 58. Als Beispiel für die indirekte Methode bei Verwendung von Smalten siehe den Engel auf Seite 94.

Kleben auf Maschengitter

Bei dieser Methode handelt es sich in Wirklichkeit um eine Variation der direkten Methode, wobei die Mosaiksteinchen direkt auf Maschengitter und dann erst auf die Unterlage geklebt werden. Sie lässt sich bei allen Mosaikmaterialien anwenden, funktioniert aber am besten, wenn die einzelnen Teilchen nicht zu klein sind, so dass sie wirklich in einer Ebene liegen. Besonders geeignet ist die Methode, wenn die Vorder- und Rückseite des Materials sehr verschieden sind, wie es bei glasierten Fliesen der Fall ist. Ihr Hauptvorteil gegenüber der direkten Methode ist der, dass wie bei der indirekten Methode die Arbeit des Mosaik Setzens sitzend am Tisch der Werkstatt oder des Hobbyraums erledigt werden und das Mosaik sodann in einem Stück oder in leicht zu handhabenden Abschnitten an seinen endgültigen Standort gebracht werden kann. Mit Epoxidharz-Mörtel kann beispielsweise nicht vorverfugt werden, weshalb die indirekte Methode nicht günstig ist. Falls das Stück in der Werkstatt angefertigt werden muss, sollte man das Kleben auf Maschengitter in Erwägung ziehen. Weil die Fliesen mit PVA-Kleber aufgeklebt werden, ist diese Technik für feuchte Standorte oder Verwendung im Freien nicht zu empfehlen.

Materialien, Werkzeuge und Ausrüstung

Packpapier • Holzkohle oder Markierstift • Frischhaltefolie • Klebeband • Mosaik- oder Keramikfliesen • Fliesenschneider und Fliesenzange • Schutzbrille • Maschengitter • kleiner Pinsel • wasserunlöslicher PVA-Kleber • Schere • Kleber auf Zementbasis • Gummihandschuhe • kleiner Zahnspachtel • Fugenmasse auf Zementbasis • Fugengummi • sauberes, trockenes Tuch

Arbeitsschritte

1 Schneiden Sie ein Stück Packpapier in der Größe des Mosaiks zurecht und zeichnen Sie Ihren Entwurf in kräftigem Umriss mit Markierstift oder Holzkohle auf. Gefällige Linien gelingen leichter, wenn man schnell und mit Selbstvertrauen zeichnet.

2 Legen Sie ein Stück Frischhaltefolie, das größer als das Packpapier ist, über die Vorlage und kleben Sie es mit Klebeband fest. So wird verhindert, dass das Mosaik auf dem Packpapier festklebt.

3 Schneiden Sie mit Hilfe eines Fliesenschneiders glasierte Keramikfliesen in schmale Streifen. Machen Sie dafür zuerst eine Rille auf der Fliesenoberseite, indem Sie mit dem Rillenrad so viel Druck ausüben, dass eine sichtbare Linie entsteht. Legen Sie die Fliese dann in den Schneider, so dass je eine Schneidbacke auf einer Seite der Rillenlinie sitzt. Drücken Sie die Griffe zusammen, damit die Fliese entlang der Rille bricht.

4 Brechen Sie die schmalen Streifen dann mit Hilfe der Fliesenzange weiter. Setzen Sie wie bei Glasfliesen die Zange am Fliesenrand in dem Winkel an, den der Zuschnitt erfordert. Tragen Sie beim Fliesenschneiden immer eine Schutzbrille, da scharfe Bruchstücke herumfliegen können.

5 Befestigen Sie ein Stück Maschengitter, das etwas größer als das vorgesehene Mosaik ist, mittels Klebeband über der Zeichnung. Kleben Sie die Fliesenstücke auf, die Sie je nach Bedarf weiter mit der Zange bearbeiten. Pinseln Sie wasserunlöslichen Kleber jeweils auf kleine Flächen des Maschengitters. Es macht nichts, wenn dieser an der Frischhaltefolie festklebt, da diese sich, wenn der Kleber trocken ist, leicht ablösen lässt.

6 Wenn das Mosaikstück vollendet und der Kleber trocken ist, entfernen Sie Klebeband sowie Frischhaltefolie und schneiden Sie vorsichtig überstehendes Maschengitter rund um das Mosaik mit einer Schere ab.

7 Verwenden Sie, um das Mosaik mit seinem Maschengitterrücken auf die Unterlage zu kleben, geeigneten Kleber auf Zementbasis. Vermischen Sie ihn mit Wasser zu einer dicken, streichfähigen Paste und tragen Sie diese mit Hilfe eines 3-mm-Zahnspachtels auf. Es ergibt sich ein gleichmäßiges Klebebett, das hinreichend dünn ist, um nicht zwischen den Fugen hochzudrängen, und dick genug, um die Fliesen zu halten. Setzen Sie das Mosaik auf den Kleber und drücken es fest. Selbst auf einer senkrechten Fläche sollte das Mosaik sofort fest halten.

8 Wenn der Kleber trocken ist, vermischen Sie etwas Fugenmasse-Pulver mit ein wenig Wasser zu einer glatten, streichfähigen Masse. Das Pulver ist sehr fein und das Wasser sollte nur nach und nach zugegeben werden, damit die Mischung nicht zu matschig wird.

9 Verteilen Sie die Fugenmasse mit Hilfe eines Fugengummis über das Mosaik und arbeiten Sie sie in die Fugen ein.

10 Da dieses Stück aus porösen, glasierten Fliesen angefertigt wurde, trocknet die Fugenmasse sehr schnell. Die überschüssige Masse bildet ein loses Pulver, das sich leicht abbürsten lässt. Weiteres Befeuchten würde in diesem Stadium nur dazu führen, dass die Fugenmasse verschmiert.

Plattenguss

Diese Technik ist zweckmäßig, wenn man Gegenstände von unterschiedlicher Dicke verarbeitet, zugleich aber eine Oberfläche erhalten will, die so eben ist, dass man darauf arbeiten kann. Eine unter Einsatz dieser Methode gefertigte Platte ist solide, aber schwer. Sie passt ebenso gut in den Garten wie ins Haus.

Materialien, Werkzeuge und Ausrüstung

Packpapier • Gussrahmen • Holzkohle • Marmorwürfel • wasserlöslicher PVA-Kleber • Fliesenzange • Gummihandschuhe • Flachbett-Kelle • Fugengummi • Schwamm • Vaseline • sauberes Tuch • gewaschener scharfer Sand • Portland-Zement • Metall-Putzträger oder Hühnerdraht • Plastikhülle • Schraubenzieher • Holzbrett

Arbeitsschritte

1 Schneiden Sie ein Stück Packpapier zurecht, das rundum geringfügig kleiner als der Gussrahmen ist. Zeichnen Sie die Umrisse des Entwurfs mit Holzkohle auf das Papier. Diese Vorlage besteht aus einer Reihe von einfachen konzentrischen Kreisen.

2 Kleben Sie die Marmorwürfel mit wasserlöslichem, im Verhältnis 1:1 mit Wasser verdünntem PVA-Kleber auf das Papier, wobei Sie zwischen den Würfeln ein wenig Raum lassen. Bauen Sie die Darstellung Fläche um Fläche auf und schneiden Sie dabei die Würfel mit Hilfe der Fliesenzange, bis sie in den Entwurf passen. Wenn das Mosaik vollständig ist, legen Sie es zum Trocknen zur Seite. Zwar ist dieses Mosaik aus Marmorwürfeln gefertigt, die angewandte Technik eignet sich jedoch für eine Vielzahl von Materialien.

3 Mischen Sie den Zement, sobald das Mosaik trocken ist. Füllen Sie einen kleinen Plastikbehälter zur Hälfte mit Wasser und fügen Zement hinzu, bis die Mischung eine dicke, cremige Konsistenz erreicht. Ziehen Sie Gummihandschuhe an, um die Berührung mit dem die Haut austrocknenden Zement zu vermeiden. Spachteln Sie die Fugenmasse auf das Mosaik und drücken sie mit dem Fugengummi in alle Fugen. Feuchten Sie einen Schwamm in Wasser an, drücken ihn gründlich aus und benutzen ihn dann zur Entfernung der überflüssigen Masse.

4 Tragen Sie mit einem Tuch eine Schicht Vaseline auf Boden und Innenseite des Gussrahmens auf und verstreichen Sie sie bis in die Ecken. Sie wird später als Lösungsmittel wirksam. Setzen Sie das verfugte Mosaik mit der Papierseite nach unten in den Rahmen.

5 Mischen Sie zur Herstellung des Plattenkörpers in einem Eimer drei Teile Sand mit einem Teil Zement und fügen Wasser hinzu, bis die Mischung verarbeitungsfähig ist. Es ist besser, zu viel als zu wenig Wasser zuzugeben. Spachteln Sie die Mischung auf das verfugte Mosaik.

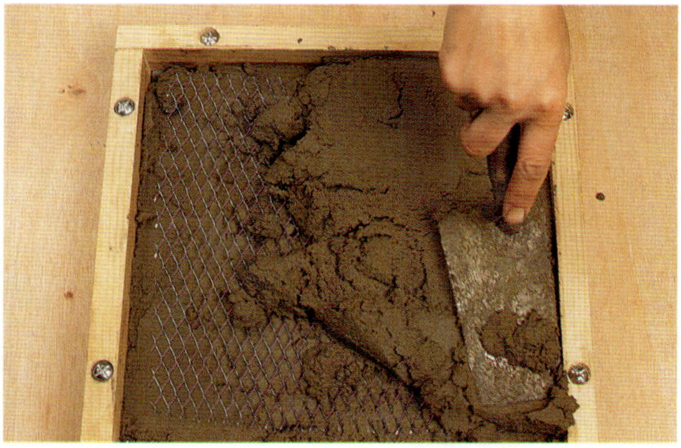

6 Wenn die Sand-Zement-Mischung den Rahmen zur Hälfte füllt, bedecken Sie sie mit einem Stück Metall-Putzträger oder Hühnerdraht, die als Verstärkung dient. Füllen Sie den Rahmen mit der restlichen Sand-Zement-Mischung bis oben hin auf. Klopfen Sie sie mit der Kelle fest und bedecken den Rahmen mit einer Plastikhülle. Lassen Sie alles eine Woche trocknen.

7 Schrauben Sie zum Herausnehmen der Mosaikplatte die Latten des Gussrahmens ab. Legen Sie ein Brett oben auf die Platte, greifen dort mit einer Hand auf das Brett, mit der anderen unter das Papier und drehen alles um.

8 Das Packpapier liegt nun zuoberst. Reiben Sie mit einem nassen Schwamm wiederholt über das Papier, bis es durch die Feuchtigkeit eine dunkelbraune Farbe annimmt. Nun kann es abgelöst werden.

9 Lösen Sie das Papier vorsichtig von einer Ecke der Platte ab. Ziehen Sie es in einem flachen Winkel von der Platte, da Sie sonst die Mosaiksteinchen unter Spannung setzen würden. Sobald das Papier entfernt ist, verfugen Sie die Platte von der Vorderseite her (s. Schritt 3).

10 Ziehen Sie Gummihandschuhe an und entfernen Sie mit Hilfe des Schwammes die überschüssige Fugenmasse von der Oberfläche des Mosaiks. Wickeln Sie die Platte erneut in eine Plastikhülle und lassen Sie sie eine Woche ruhen. Danach kann das fertige Mosaik in den Garten gelegt werden. Es ist wetterfest, sollte aber gelegentlich mit einem geeigneten Reinigungsmittel gesäubert werden.

Mosaik auf dreidimensionalen Gegenständen

Mosaik lässt sich auf dreidimensionalen Objekten aller Art wie Blumentöpfen, Flaschen oder Vasen anbringen. Denken Sie daran, dass exponierte Kanten wie Ränder anfällig für Stöße und die Oberflächen unvermeidlicherweise uneben sind. Beim Kleben auf senkrechte oder gekrümmte Oberflächen ist es wichtig, einen Kleber zu verwenden, der die Stücke zuverlässig festhält, wie zum Beispiel einen solchen auf Zementbasis oder einen Silikonkleber.

Materialien, Werkzeuge und Ausrüstung

Holzkohle oder Markierstift • Mosaik- oder Keramikfliesen • Hammer • Kleber auf Zementbasis • kleine Kelle oder Palettenmesser • Fugenmasse auf Zementbasis • Gummihandschuhe • trockenes, sauberes Tuch

Arbeitsschritte

1 Entwerfen Sie den Dekor für den Topf. Zeichnen Sie mit Holzkohle oder Markierstift Leitlinien auf die Oberfläche. Interessanter als ein gänzlich willkürlicher Mosaikeffekt ist der Einsatz unterschiedlicher Farben und Muster in Form umlaufender Bänder oder dezenter Flächen.

2 Dieser Topf soll mit zerbrochenen, glasierten Keramikfliesen verziert werden. Wickeln Sie die Fliesen zum Zerbrechen in ein altes Tuch, damit keine Bruchstücke herumfliegen können. Zerschlagen Sie die Fliesen behutsam mit dem Hammer.

3 Mischen Sie eine geringe Menge eines geeigneten, langsam abbindenden Klebers auf Zementbasis. Bereiten Sie nicht zu viel zu, da die Klebewirkung rasch nachlässt. Ein langsam abbindender Kleber lässt Ihnen Zeit zum Arbeiten. Verstreichen Sie mit einer schmalen Kelle oder einem Palettenmesser den Kleber auf einer kleinen Topffläche (ausreichend groß für zwei oder drei Fliesenstücke) und kleben Sie die Bruchstücke an den Leitlinien auf. Arbeiten Sie sich nach und nach um den Topf herum. Kippen Sie ihn nicht nach einer Seite, die Sie dekoriert haben, es sei denn, der Kleber wäre trocken und die Stücke säßen fest.

4 Wenn der Kleber trocken ist, können Sie das Stück verfugen. Mischen Sie das Fugenmasse-Pulver mit Wasser zu einem dicken Brei; geben Sie das Wasser nach und nach zu, damit er nicht zu matschig wird. Ziehen Sie Gummihandschuhe an und streichen Sie die Fugenmasse über die gesamte Oberfläche und in die Fugen. Auf einem dreidimensionalen Gegenstand lässt sich die Fugenmasse leichter mit der Hand als mit einem Fugengummi verstreichen.

5 Bei porösen Fliesen trocknet die Fugenmasse sehr schnell. Wischen Sie die überschüssige Masse mit der Hand ab. Falls Sie Terrakottafliesen verwendet haben, möchten Sie sicher nicht, dass die Fugenkanten frei liegen; Sie müssen deshalb die Fugen mit so viel Fugenmasse wie möglich anfüllen. Polieren Sie das Stück zum Schluss mit einem trockenen, sauberen Tuch.

WERKZEUGE

Fliesenzange (Mosaikzange)

Die Fliesenzange ist das vielseitigste und unerlässlichste Werkzeug für die Mosaikanfertigung. Ihre scharfen Backen sind mit Wolfram verstärkt und in der Lage, alle Mosaikmaterialien zu schneiden. Die Zange kann von beiden Seiten zum Schneiden und mit oder ohne Feder benutzt werden. Stumpfe Zangen eignen sich manchmal besser zum Marmorschneiden; alle Zangen aber prägen mit der Zeit einen eigenen Schnittcharakter aus. Die meisten Mosaikmaterialien lassen sich am besten schneiden, wenn die Zange nur am Rand der Fliese und nicht quer über die Mitte angesetzt wird. Der Winkel, in dem die Zange gehalten wird, bestimmt die Schräge des Schnitts.

Fliesenschneider

Dieses Werkzeug vereint ein Rillenrad mit Brechbacken. Das Rad wird über die Schneidelinie geführt und die Fliese dann in die Brechbacken gelegt, so dass zu beiden Seiten der eingekerbten Linie Druck ausgeübt wird. Fliesenschneider dienen zum Schneiden größerer Fliesen (über 2,5 cm im Quadrat) und für saubere geometrische Schnitte wie Dreiecke. Für dickere und härtere Fliesen stehen größere Schneider zur Verfügung. Sie arbeiten nach demselben Prinzip, jedoch sind Rad und Brechbacken an einem langen Griff befestigt, mit dem sich eine größere Hebelkraft beim Zerbrechen der Fliesen ausüben lässt.

Glasschneider

Mit diesem Werkzeug werden Glassteinchen entlang der Schneidelinie eingekerbt. Es hat eine feste, harte Spitze oder ein Schneiderad (welches manchmal über einen Ölvorrat verfügt, der das Rad schmiert und den ständigen Kontakt mit der Glasoberfläche sicherstellt).

Nach dem Einkerben lässt sich das Glas brechen, indem man es zu beiden Seiten der Kerblinie zwischen Daumen und Fingern hält oder eine Zange auf einer Seite nahe der Linie ansetzt und es sodann bricht. Bei kleinen Glassteinchen ist es leichter, die Brechbacken eines Fliesenschneiders zu benutzen. Glasschneider sind unerlässlich zum Schneiden von Buntglas; man setzt sie auch für das Einkerben von Gold- und Silbersteinchen ein, um einen sauberen Schnitt zu erhalten.

Fugengummi

Dieses Werkzeug verfügt über einen Handgriff aus Holz sowie ein Gummiblatt und wird zum Einarbeiten der Fugenmasse in die Fugen zwischen den Marmorsteinchen verwendet. Man setzt es auch zum Vorverfugen und Verfugen der Vorderseite auf senkrechten wie auf waagerechten Flächen ein. Als wirkungsvoll erweist es sich bei kleineren Stücken; bei großen Flächen kann es zur Ermüdung des Handgelenks kommen. Zum Auftragen von Fugenmasse auf große Flächen eignet sich ein Flachbett-Gummiwischer.

Zahnspachtel

Für das Fixieren von Mosaiken wird eine Kerbengröße von drei Millimetern empfohlen. Mit Hilfe der Kelle wird Zementkleber auf eine senkrechte oder waagerechte Unterlage aufgetragen. Durch »Kämmen« des Klebstoffs wird eine dünne, gleichmäßig über die Oberfläche verteilte Schicht geschaffen.

Bei Mosaiken, die im Freien befestigt werden, dürfen die Riefen nicht stehen bleiben, da sie Hohlräume ausbilden, die sich mit Wasser füllen, das gefriert und die Fliesen abtrennt. Wenn man das Mosaik sehr fest in den Klebstoff drückt, müssten die Riefen flach werden, besser aber ist es, eine Dickbett-Kelle zu verwenden, die an beiden Seiten besonders lange Zähne hat und mit der sich ein dichtes Bett von gleichmäßiger Dicke anlegen lässt.

Kleine Kelle

Dieses zum Verputzen eingesetzte Werkzeug leistet unschätzbare Dienste beim Auftragen von Klebstoff auf kleine, schlecht erreichbare Flächen. Beim Arbeiten mit der direkten Methode benutzt man es auch, um kleine Flächen der Unterlage mit Klebstoff zu versehen.

Pinzette

Eine Pinzette ist hilfreich, wenn man an Mikromosaiken, das sind Mosaiken, die aus sehr kleinen Teilchen bestehen, arbeitet. Man verwendet sie in Verbindung mit einem spitzen Werkzeug wie einer Zahnarztsonde oder einer Stopfnadel, um Teilchen aufzunehmen und in die richtige Lage zu bringen.

Staubmaske

Es ist ratsam, beim Schneiden von Mosaikmaterialien einen Atemfilter zu tragen, da feiner Staub entsteht, der nicht eingeatmet werden sollte. Besonders wichtig ist das Tragen einer Maske, wenn Sie viel auf einmal schneiden, also einen Vorrat von Viertel-Glassteinchen oder gespaltenen Marmorteilchen anlegen.

Schutzbrille

Kleine Materialsplitter können beim Schneiden wegfliegen, vor denen die Augen durch eine Schutzbrille geschützt werden sollten.

Fliesenschwamm

Diese Schwämme haben eine feine, dichte Struktur und nehmen sowohl Wasser wie feines Pulver, etwa Mörtelpulver, besonders gut auf. Ein Mosaik lässt sich mit einem speziellen Fliesenschwamm viel schneller als mit einem gewöhnlichen Haushaltsschwamm reinigen; er schmiert nicht und hinterlässt keine staubigen Rückstände.

Hammer und Umschlageisen (Dorn)

Dies sind die traditionellen Schneidewerkzeuge des Mosaizisten. Ein Hammer mit Wolframspitze wird auf Marmor- oder Smaltenmosaiksteinchen niedergebracht, die auf einem scharfen Meißel oder Umschlageisen aufliegen, das in einem Holzsockel oder einer anderen festen Unterlage verankert ist.

MATERIALIEN

Es gibt verschiedene Arten von Fliesen oder Mosaiksteinchen, die sich für ein Mosaik verwenden lassen. Die am leichtesten erhältlichen und verwendbaren sind unten aufgeführt.

Glasierte Keramik

Bei einer glasierten Keramikfliese wurde die Farbe als dünne Schicht in Form einer Glasur aufgebracht. Solche Fliesen haben daher eine deutlich unterschiedliche Vorder- und Rückseite, weshalb es praktisch unmöglich ist, sie beim Arbeiten mit der indirekten Methode zu verwenden. Sie liegen in vielen Größen, Mustern, Stärken und Qualitäten vor. Einige werden bei sehr hoher Temperatur gebrannt und widerstehen dem Frost sowie dem Eindringen von Feuchtigkeit, viele aber sind porös und würden im Freien zerbrechen und zerbröseln. Beim Aussuchen der Fliesen für ein Mosaik entscheidet man sich besser für solche von ähnlicher Dicke, da so das Verfahren vereinfacht und das Endergebnis reizvoller wird. Glasierte Keramikfliesen können mit einem Hammer zerschlagen, sauber in geraden Linien mit einem Fliesenschneider geschnitten oder mit einer Zange benagt werden, bis sie die richtige Form haben.

Unglasierte Keramik (Steinzeug)

Hierbei handelt es sich um Fertig-Mosaikfliesen von 2 oder 2,5 cm Kantenlänge und ungefähr 4 mm Dicke. Sie sind überall von einheitlicher Farbe, Vorder- und Rückseite sind gleich. Sie haben klare, rechtwinklige Kanten und eignen sich daher für Mosaiken mit geschnittenen Fliesen. Sie liegen nur in einer begrenzten Auswahl von gedämpften, erdigen Farben vor, einige sind gesprenkelt oder mit winzigen Flecken in unterschiedlichen Schattierungen gemustert. Sie lassen sich leicht mit einer Fliesenzange schneiden, wobei die von blasserer Farbe schon einmal zerbrechen können. Genaue geometrische Schnittformen wie Dreiecke sind leichter nach vorherigem Einkerben mit einem Fliesenschneider zu erreichen.

Glassteinchen (Industriemosaik)

Diese werden aus opakem Glas hergestellt, messen gewöhnlich 2 cm im Quadrat und sind 4 mm dick. Eine neue Sorte, »Opus Romanum«, ist in der Steingröße 1 x 1 cm erhältlich. Sie werden befestigt auf Bögen von ungefähr 35 cm im Quadrat geliefert. Glassteinchen sind durchgefärbt, die Rückseite jedoch ist texturiert. Sie liegen in einer breiten Farbskala vor, besonders im Bereich der Grün- und in geringerem Umfang der Blau- und Grautöne. Der Herstellungsprozess schränkt die Anzahl der Farben ein; es gibt kein kräftiges Pink oder Violett. Einige Fliesen sind goldgeädert. Sie lassen sich leicht mit der Fliesenzange schneiden, es können aber scharfe Splitter dabei anfallen, die immer mit einer Bürste und nicht mit der Hand weggewischt werden sollten.

Smalten

So wird emailliertes venezianisches Glas genannt. Die in diesem Material erhältlichen Farben sind sehr intensiv; eine jede deckt einen breiten Tonbereich ab. Sie werden von Glas-»Kuchen« in ungefähr 1,5 x 1 cm große Rechtecke geschnitten. Sowohl Vorder- wie Rückseite sind uneben, neu ist die Sorte »Piastrina« mit ebener Oberfläche, 4 bis 5 mm dick. Smalten entstehen in Handarbeit und sind deshalb teuer. Sie werden entweder auf traditionelle Weise mit dem Hammer und Umschlageisen (Dorn) oder mit der Zange gebrochen.

Marmor

Marmorwürfel können in jede Größe geschnitten werden. Sie werden industriell mit der nassen Säge von Marmorplatten geschnitten und haben deshalb polierte und durch das Sägeblatt aufgeraute Flächen. Die Stücke haben gewöhnlich eine Dicke von 7 mm oder 1 cm, die sich mit der Zange leicht durchschneiden lässt. Traditionell wird Mosaik mit einem Hammer und einem Dorn geschnitten – bei dickerem Material die beste Weise, um die Stücke zu formen. Marmor, der auf Fußböden ausgelegt werden soll, wird danach poliert, aber nicht bevor man sich vergewissert hat, dass die Oberfläche vollkommen eben ist. Wenn Marmor mit Hilfe des Hammers oder der Zange geschnitten wird, ist die Schnittfläche uneben und von kristalliner Struktur und kann nur für Wandmosaiken verwendet werden. Marmor kann sowohl in Innenräumen wie im Freien eingesetzt werden. In feuchter Umgebung wie in Duschen können einige Marmorarten porös und fleckig werden. Es ist ratsam, unter solchen Bedingungen ein Marken-Versiegelungsmittel anzuwenden.

Gold- und Silbersteinchen

Diese werden aus Glasplatten gefertigt, die mit Blattgold oder -silber überzogen sind, das sodann selbst eine sehr dünne Schutzschicht aus transparentem Glas erhält. Sie sind gewöhnlich 1 x 1 oder 2 x 2 cm groß und 4,5 bis 4,7 mm dick. Häufig sind Goldsteinchen mit dunklem grünen Glas, silberne mit blauem hinterlegt. Das durch das Glas schimmernde Blattmetall verhilft diesen Steinen zu einem schönen Glitzern. Es gibt auch Goldsteinchen mit einer unebenen, »gekräuselten« Oberfläche. In Italien findet man ein breites Angebot verschiedener metallischer Farben, die von blassen Goldtönen bis zu Kupfer und Bronze reichen. Da diese Materialien richtiges Blattgold und -silber enthalten, sind sie teuer und werden nur zur bewussten Demonstration von Extragavanz eingesetzt.

KLEBSTOFFE & MÖRTEL

Die Klebstoffe und Mörtel haben unterschiedliche Eigenschaften. Hier erfahren Sie, welche sich für Ihre speziellen Vorhaben eignen.

Kleber auf Zementbasis

Hierbei handelt es sich um einen aus der traditionellen Sand-Zement-Mischung entwickelten Fliesenkleber, der für besseren Halt sorgen und leichteres Arbeiten möglich machen soll. Er ist in verschiedenen Spezifizierungen erhältlich:

Schnelles Aushärten Wenn das Verfugen schnell erledigt werden muss.

Außenanwendung Dieser Kleber ist frostbeständig und wasserabweisend.

Flexibel Dieser für Holzunterlagen entwickelte Kleber enthält Latex und gleicht dadurch Bewegungen besser aus.

All diese unterschiedlichen Arten von Klebern auf Zementbasis liegen als Markenprodukte vor; die Empfehlungen der Hersteller fallen je nach der von Ihnen verwendeten Marke unterschiedlich aus. Studieren Sie die Gebrauchsanleitung immer gündlich; in Zweifelsfällen kann man sich für technischen Rat an die Hersteller wenden. Am besten kaufen Sie Produkte in Pulverform, die Sie selbst in der gewünschten Menge und Konsistenz mischen, statt Tuben, die zu schnell austrocknen.

PVA-Kleber (Weißleim, Kaltleim)

Polyvinylazetat (PVA) ist ein weißer, flüssiger Kleber, der in zwei Grundformen vorliegt:

Wasserlöslich Dieser Typus sorgt für festen Halt, löst sich aber bei Kontakt mit Wasser auf. Er wird beim Arbeiten mit der indirekten Methode zum Kleben auf Papier genutzt. Zu diesem Zweck lassen sich auch andere wasserlösliche Kleber wie Tapetenkleister oder Gummiarabikum einsetzen, die aber nicht so fest kleben. Wasserlösliches PVA sollte normalerweise im Verhältnis 1 : 1 mit Wasser verdünnt werden.

Nicht wasserlöslich Wie sein Name ahnen lässt, sorgt dieser PVA-Typus für eine irreversible Haftung und wird bei der direkten Verlegemethode angewandt. Wasserabweisende Holzkleber und PVA von guter Qualität, die in Haushaltswarengeschäften angeboten werden, gehören zu dieser Kategorie. Sie sollten unverdünnt angewendet und mit einem kleinen Pinsel, der nach Gebrauch sorgfältig zu reinigen ist, aufgetragen werden.

Achten Sie darauf, dass Sie bei der Arbeit den richtigen PVA-Typus anwenden. Falls Sie im Zweifel sind, machen Sie einen Test, indem Sie ein Mosaiksteinchen auf Papier kleben, den Kleber trocknen lassen und dann das Papier 20 Minuten lang befeuchten. Wenn das Mosaik vom Papier abgeht, ist der Kleber wasserlöslich, falls nicht, ist die Haftung irreversibel.

Komponentenkleber

Dies ist eine Art von irreversibel klebendem, nicht wasserlöslichem PVA-Kleber, die sich für die Anwendung im Freien sowie das Arbeiten mit der direkten Verlegemethode, bei der Materialien auf Sperrholzbretter geklebt werden, eignet.

Silikonkleber

Haushaltswarengeschäfte bieten Silikonpatronen zur Verwendung in Klebepistolen an. Der Kleber ist in Form eines dicken, klaren Gelees erhältlich, mit dem Glas auf Glas oder jede andere Oberfläche geklebt werden kann. Beim Trocknen gewinnt er eine dickflüssige, ein wenig gummiartige Konsistenz, die das für Glas typische sich Ausdehnen und Zusammenziehen ausgleicht. Er ist Wasser abweisend, weshalb Flächen, auf denen geklebt werden soll, trocken sein müssen, wohingegen solche, die sauber bleiben sollen, wie Ihre Finger zum Beispiel, befeuchtet werden können. Silikon darf nicht auf die Oberfläche einer Glasfliese gelangen, da es nicht mehr zu entfernen ist. Gewöhnliches Silikon ist leicht trüb, was aber in einer dünnen Schicht kaum wahrnehmbar ist. Wenn absolute Transparenz gefragt ist, so halten spezialisierte Glaser vollkommen klares Silikon bereit.

Sand und Zement

Sand und Zement, im Verhältnis von 3:1 oder 4:1 gemischt und in Form eines Bettes von mindestens 2,5 cm Stärke, geben einem Bodenmosaik besten Halt. Wenn man unterschiedlich dicke Würfel oder Materialien verarbeitet, aber eine ebene Oberfläche haben will, ist die Sand-Zement-Mischung das geeignete Medium. Gearbeitet werden kann mit der direkten wie der indirekten Methode. Eine ebene Oberfläche zu erreichen, ist nicht einfach und erfordert eine Menge Erfahrung. Sand und Zement setzt man auch zum Gießen von Bodenplatten ein, die mit einem Maschendraht verstärkt werden. Es sollten gewaschener scharfer Sand sowie grauer oder weißer Portland-Zement verwendet werden.

Fugenmasse auf Zementbasis

Fugenmasse enthält weit weniger Zement als Kleber auf Zementbasis und entfaltet infolgedessen weit weniger Klebewirkung. Ihr Zweck besteht darin, die Lücken zwischen den Mosaikteilchen mit einer nachgiebigen Mixtur auszufüllen, die Bewegungen innerhalb des Stückes zulässt, ohne dass dieses zerbricht. Fugenmassen liegen in Form von Pulver vor, das mit Wasser zu vermischen ist, sowie in einer Reihe von Farben wie Grau, Schwarz, Elfenbein und Weiß. Mit Hilfe von Färbemitteln lassen sich farbige Massen gewinnen, auch Acryl- oder Emulsionsfarben eignen sich dazu, sollten allerdings nur bei relativ kleinen Stücken angewendet werden, deren Fläche in einem Schwung verfugt werden kann, da es schwierig ist, eine genau gleiche zweite Mischung herzustellen. Einige Hersteller bieten Mixturen an, die die Wasserbeständigkeit und Flexibilität der Massen verbessern. Es gibt auch Fertigmassen, die allerdings schwerer aufzutragen und vom Mosaik abzuwischen sind. Am schwierigsten ist die Anwendung von Produkten, die als kombinierter Mörtel/Kleber angeboten werden: sie entfalten nicht genug Klebewirkung, um die kleinen Mosaikteilchen festzuhalten, jedoch zu viel, um von der Oberfläche gewischt werden zu können, ohne dass Teile des Mosaiks herausgerissen werden. Hersteller empfehlen oft feine Fugenmasse für enge Mosaikfugen; in der Praxis aber bewähren sich die für weitere Fugen entwickelten groberen Sorten genauso gut und sind erheblich leichter von der Oberfläche zu entfernen.

Epoxidharz-Mörtel

Dies ist ein Zwei-Komponenten-Mörtel auf Harzgrundlage, der eine Fuge bildet, die sowohl wasserabweisend wie flexibel ist. Er ist besonders dort anzuwenden, wo Hygiene eine wichtige Rolle spielt und wo mittels Fliesen eine wasserabweisende Barriere geschaffen werden soll (Achtung: der Mörtel ist hoch allergen!).

MOSAIKTRÄGER

Im Folgenden werden Trägermaterialien aufgeführt, die sich für die Mosaikarbeit eignen. Prüfen Sie, ob Sie die für den von Ihnen ausgearbeiteten Mosaiktypus richtige Unterlage verwenden.

Gips und Gipskarton

Für feuchte Zonen wie Duschen ist dies nicht das geeignete Trägermaterial. Auf trockenen Flächen jedoch, sofern diese mit einer verdünnten PVA-Lösung grundiert werden, bildet es eine gute Grundlage für Klebstoffe auf Zementbasis. Falls der Gips bemalt ist, haftet der Klebstoff auf der Farbe und die Haftung an der Wand ist gerade so gut wie die Haftung zwischen Farbe und Gips. Deshalb muss die Farbe, wenn sie abblättert oder leicht abgeht, entfernt werden.

Sand, Zement und Verputz

Da die Klebstoffe auf Zement basieren, eignen sich solche Sand- und Zementunterlagen hervorragend dazu, ein Mosaik aufzunehmen. Eine Grundierung ist nicht erforderlich, die Fläche sollte aber so eben wie möglich sein.

Holzböden

Bevor Dielen mit Fliesen ausgelegt werden, sollten sie immer mit Sperrholz von mindestens 1 cm Dicke verkleidet werden, das in Abständen von 22,5 cm zu verschrauben ist. Für feuchte Zonen wie Badezimmer sollte eine Qualität verwendet werden, die sich für die Anwendung im Freien eignet. Bretterfugen neigen immer dazu, sich zu bewegen, und sollten daher möglichst vermieden oder so gesetzt werden, dass sie mit einer geraden Fuge im Mosaik zusammenfallen.

Holzpaneele und Tischplatten

Für die Verwendung in Innenräumen stellt MDF ein geeignetes Unterlagenmaterial dar, da es sehr stabil ist. Wenn Mosaik auf Brettern befestigt wird, sollten diese so steif sein, dass sie sich nicht biegen und das Mosaik absprengen. Die erforderliche Brettstärke hängt von der Größe der Arbeit ab, 12 mm müssten aber für eine Arbeit von 90 cm im Quadrat ausreichen. Bei größeren Arbeiten muss das Gesamtgewicht berücksichtigt werden; es könnte besser sein, die Rückseite mit Leisten zu verstreben als ein dickes und schweres Brett zu verwenden.

Die Verwendung im Freien erfordert Sperrholz von entsprechender Güte. Mosaikränder sind nur dann geschützt, wenn sie in irgendeiner Art von Rahmen gefasst sind. Eine auf die Plattenränder geklebte Mosaikeinfassung ist noch empfindlicher, sowohl gegenüber zufälligen Stößen wie gegenüber den Ausdehnungs- und Kontraktionsbewegungen des Holzes. Ein einfacher Holzrahmen aus einer an die Plattenkante geklebten und genagelten Latte stellt eine bessere Lösung dar. Aus Hartholz sollte der Rahmen sein, sofern der Einsatz im Freien vorgesehen ist; auch Aluminiumwinkel, flexibles Messing oder Kupferbänder können verwendet werden.

Fliesen-Stützbrett

Dies ist ein Mineralfaserbrett, das Fliesen in feuchten Zonen wie Duschen eine starre und stabile Unterlage bietet. Es stellt auch eine ideale Oberfläche für Mosaiken dar.

Terrakotta

Man kann auf Blumentöpfen und Übertöpfen Mosaik mit Hilfe von Klebstoff auf Zementbasis anbringen. Terrakotta ist sehr porös und sollte zuerst mit einer verdünnten PVA-Lösung grundiert werden.

Glas

Sowohl Glasscheiben wie Glasobjekte können unter Einsatz von klarem Silikonkleber mit Mosaiken überzogen werden. Besonders wirkungsvoll sind diese bei durchscheinendem Licht – wenn sie im Fenster hängen oder als Kerzenhalter dienen.

Weitere Oberflächen

Die meisten Flächen, sofern sie starr und steif sind, eignen sich zur Aufnahme eines Mosaiks. Handelt es sich um harte, undurchlässige Oberflächen wie Metall oder Resopal, sollte man sie mit Markengrundierer bearbeiten, bevor ein Zementkleber aufgebracht wird.

SCHABLONEN

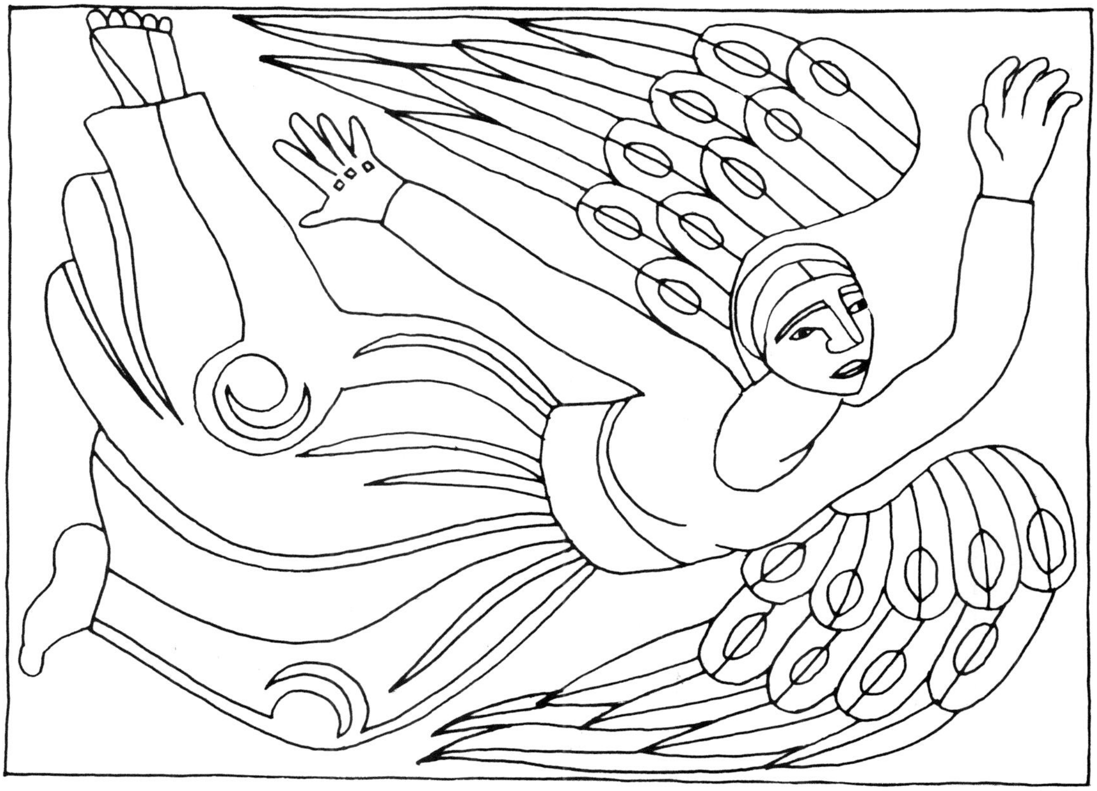

Seite 95

Seite 104

Seite 54

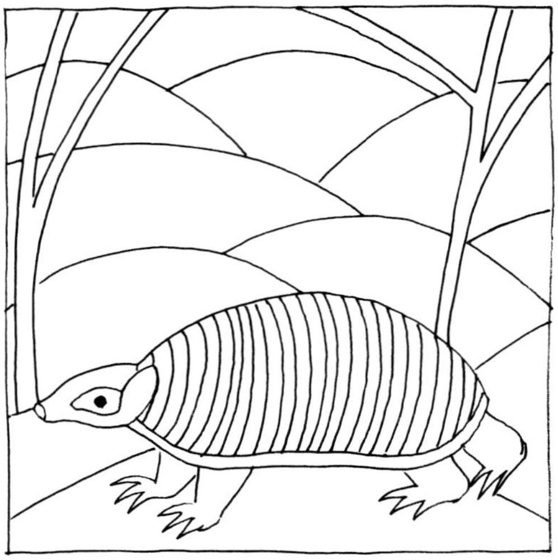

Seite 55

Seite 55

Seite 54

Seite 91

Seite 29

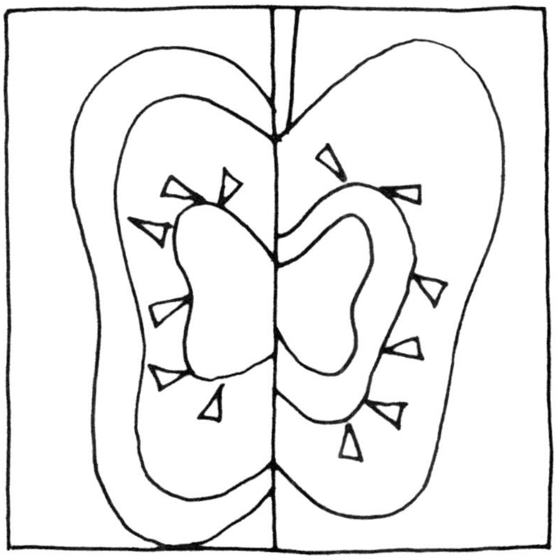

Seite 15

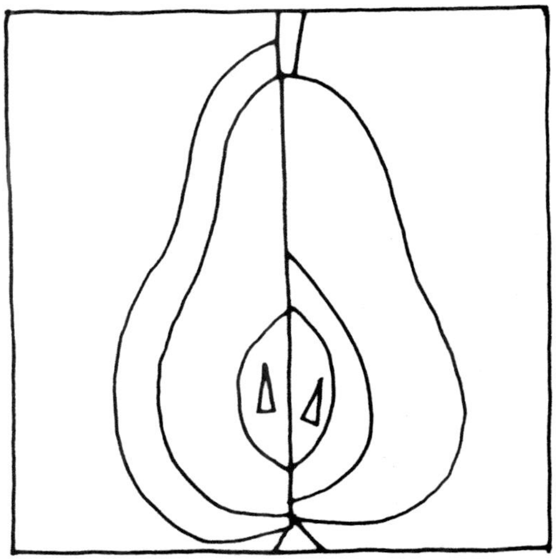

Seite 14

Seite 15

Seite 14

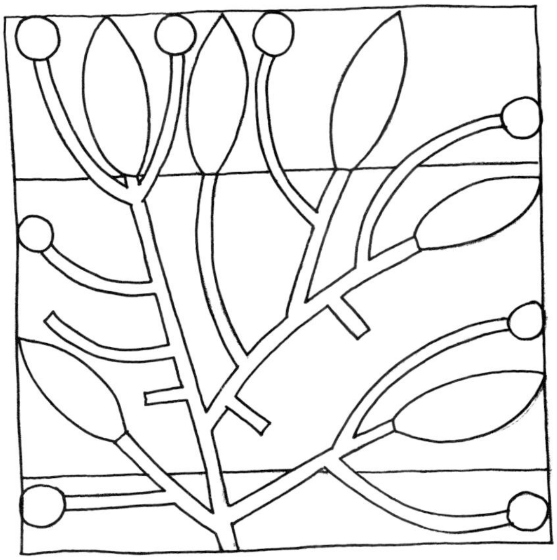

Seite 66

Seite 107

Seite 80/81

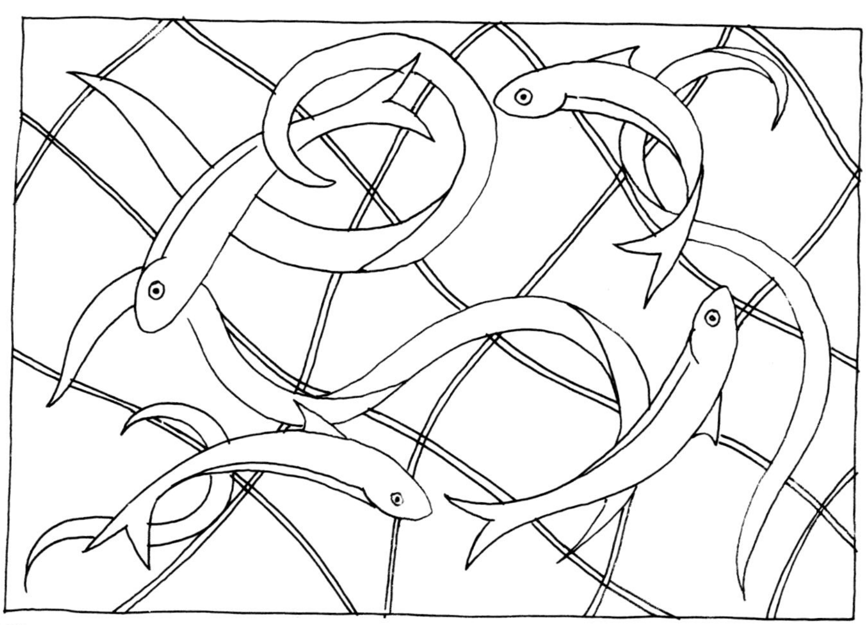

Seite 58/59

Seite 45

Seite 102/103

Seite 32

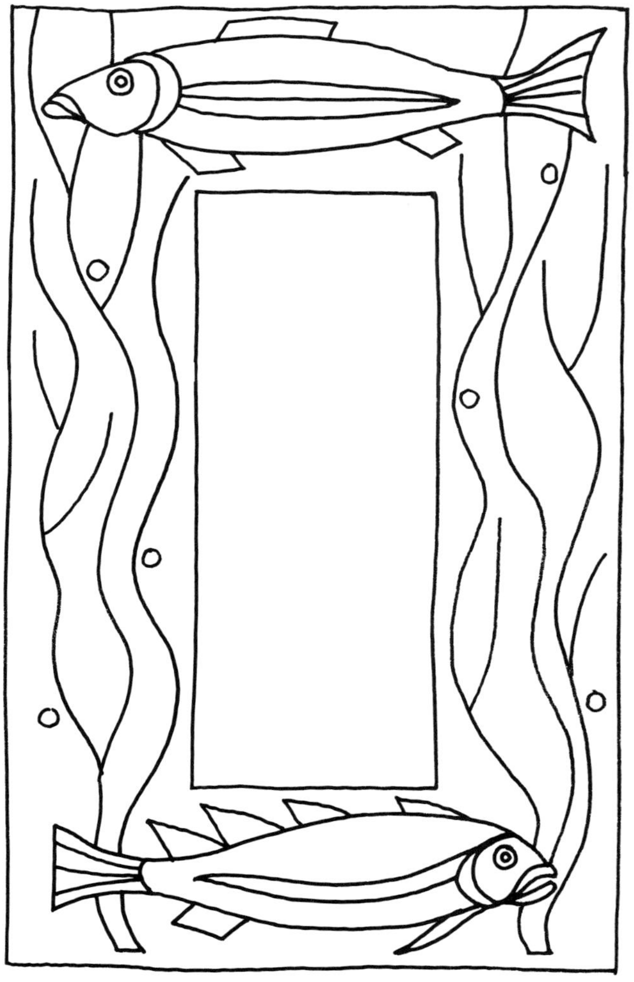

Seite 68

Seite 57

Seite 92

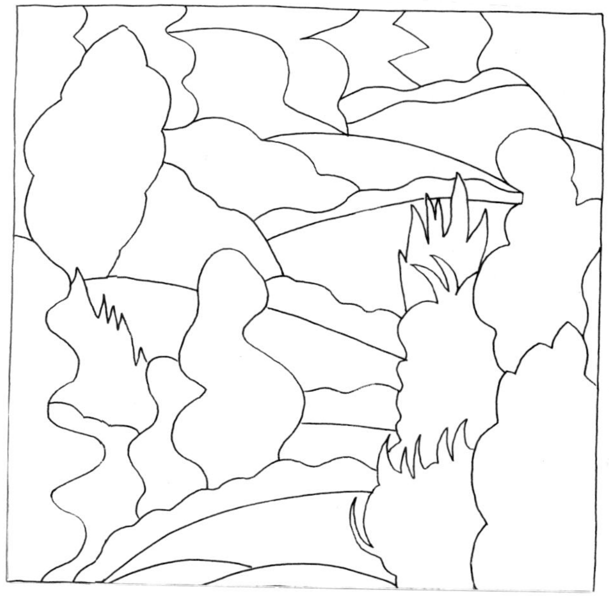

Seite 18

Seite 43

LIEFERANTENVERZEICHNIS

mit Angaben zur Materialbeschaffung, zu Kursen und für allgemeinen Rat und Hilfe

Technische Fragen
Bei Fragen zu diesem Buch sind Ihnen gerne die Mitarbeiter des Mosaic Workshop behilflich (in engl. Sprache):

The Mosaic Workshop, Princeton Street, GB-London WC1R 4AX,
Fax 00 44-171-8 31 08 89

In Deutschland:
INDUSTRIEVERBAND KER. FLIESEN + PLATTEN, Friedrich-Ebert-Anlage 38, 60325 Frankfurt, T. 0 69-75 60 82-0

Studien- und Experimentierwerkstatt Glasmalerei, Licht und Mosaik, Akademie der bildenden Künste, München; e-mail: Thierry.Boissel@adbk.mhn.de

Mosaik: Hersteller allgemein

Art Murales GmbH,
Trierer Straße 668, 52078 Aachen,
T. 02 41-92 89 80

Derix, Hein, KG,
Geldener Str. 29-33, 47623 Kevelaer,
T. 0 28 32-23 62, Fax 39 77

Benno Fäustle,
Irgentalweg 32, 66119 Saarbrücken,
T. 06 81-8 81 58 19/Fax 18, (www.stenen-uit-hurwenen.nl ; e-mail: info@mozaiken.nl)

Fliesen-Fieber,
Uslarer Str. 33, 37194 Bodenfelde,
T. 0 55 72-92 12 23, Fax 0 55 72-92 12 24,
e-mail: fliesenfieber@t-online.de

Fliesen Roth KG, Platten, Fliesen-, Mosaikarbeiten,
Trochtelfinger Str. 14, 70567 Stuttgart,
T. 07 11-72 39 94

Frank, Karl (Siegfried Karl Frank),
Mosaik - Marmor,
Bergstr. 72, 70186 Stuttgart,
T. 07 11-46 66 47

Franz Mayer'sche Hofkunstanstalt,
Seidlstraße 25, 80335 München,
T. 0 89-59 54 84, Fax 59 34 46

Gustav van Treeck,
Schwindstr. 3, 80799 München,
T. 0 89-5 23 40 85, Fax 52 72 29

Heinrich, Hans-Werner,
Tinsdaler Heideweg 68d, 22559 Hamburg,
T. 0 40-81 81 82

Italdekor,
Neufahrner Str. 1, 85375 Neufahrn,
T. 0 81 65-9 53 70

Janicher, Werner,
Steinerne Furt 37, 86167 Augsburg,
T. 08 21-70 10 78

Koch Feinkeramik,
Hoeppnerstr. 53, 12101 Berlin,
T. 0 30-7 86 38 86

Norddeutsche Steingutfabrik AG,
Steingutstraße 2, 28759 Bremen,
Tel. 04 21-62 62-0, Fax 62 62-2 38

Raumgestaltung Jessen GmbH,
Graboer Straße 33, 06917 Jessen,
T. und Fax 0 35 37-21 22 23

Repschläger GmbH,
Dorfstr. 27, 25474 Bönningstedt,
T. 0 40-5 56 63 89

Rose, Uwe u. Soltwedel, K.,
Ulmenhang 1, 21033 Hamburg,
T. 0 40 - 7 21 95 59

STEGA Ges. f. Mosaik- u. Fliesenarbeiten,
Berlepschstr. 28, 14165 Berlin,
T. 0 30 - 8 01 10 81

Materialbedarf
Glas – Hobby – Kunsthandwerk C. Eppel,
Alleestraße 132, 42853 Remscheid,
T. 0 21 91 - 29 35 92

Hobbybiene, Versandhandel
Hobby und Basteln,
Tobelwasenweg 10, 73235 Weilheim/Teck,
T. 0 70 23 - 95 03-14, Fax 0 70 23 - 95 03 - 19,
Internet: http://www.hobbybiene.de

Hobbyring,
Neckarstraße 10, 72666 Neckartailfingen,
T. 0 71 27 - 93 89 - 24, Fax 0 71 27 - 93 89 - 41,
Internet: http://www.hobbyring.de,
e-mail: postmaster@hobbyring.de

Günter Nußbaumer (Materialien),
Kiefernstr. 81, 82178 Puchheim,
T. 0 89 - 80 34 40, Fax 89 02 03 66

TOKU – Ton und Kugel GmbH,
Sophienauer Str. 94, 98678 Sachsenbrunn,
T. 0 36 86 - 6 05 27, Fax 6 00 67

Materialbedarf, Mosaik-Bausätze, Mosaik-Kursveranstaltungen
Mosaik-Werkstatt Bruno Rodi,
Markgrafenstraße 16, 78467 Konstanz,
T. 0 75 31 - 6 81 75, Fax 0 75 31 - 69 45 93

Mosaik aus Keramik
HTB Hoch- und Tiefbau Torgau GmbH,
Güterbahnhofstr. 10, 04860 Torgau,
T. 0 34 21 - 81 95, Fax 27 70

Glasmosaik-Wandbilder
Mosaik-Studio Waldemar Schuster,
Kasseler Straße 21, 63110 Rodgau,
T. 0 61 06 - 35 74

Mosaiktische
Katex Tische GmbH,
Im Meisenfeld 9, 32602 Vlotho,
T. 0 52 28 - 4 59, Fax 6 65

Pohl, Henry,
Am Damm 39, 03172 Guben,
T. 0 35 61 - 61 36 99, Fax 61 55 58

REGISTER